LA DEVINERESSE,

OU LES FAUX ENCHANTEMENS.

COMEDIE.

Représentée par la Troupe du Roy.

A PARIS,
Chez C. BLAGEART, dans la Court-
Neuve du Palais, au Dauphin.

───────────────
M. DC. LXXX.
AVEC PRIVILEGE DV ROY.

AV LECTEVR.

LE succés de cette Comédie a esté si grand, qu'il s'en est peu veu de semblables. On y a couru, & on y court encor tous les jours en foule. Beaucoup de Gens en ont esté d'autant plus surpris, qu'y trouvant plusieurs Acteurs qui semblent n'agir que pour leur interest particulier, ils ont crû que divers caracteres détachez ne pouvoient former une Piece. Cependant quand ils se sont appliquez à examiner toutes les parties de celle-cy, ils ont reconnu qu'il y avoit plus de sujet qu'ils ne l'avoient crû d'abord, & que s'ils s'estoient imaginez qu'elle en manquoit, c'estoit seulement parce qu'il estoit difficile d'y en mettre. En effet, comme c'est chez une Devineresse que tout se passe, & que la plûpart de ceux qui vont consulter ces sortes de Gens, ou ne se connoissent point

AU LECTEUR.

les uns les autres, on cherchent toûjours à se cacher, il sembloit presque impossible de donner à cette Piece un nœud & un dénoüment. On n'a pas laissé d'en venir à bout. Une Femme entestée des Devineresses, un Amant intéressé à l'en détromper, & une Rivale qui veut empescher qu'ils ne se marient, font un sujet qui se noüe dés le premier Acte, & qui n'est dénoüé dans le dernier que par le faux Diable découvert. Les autres Acteurs, ou du moins une partie, sont Gens envoyez par l'une ou l'autre des deux Personnes intéressées, & qui par ce qu'ils raportent augmentent la crédulité de la Comtesse, ou font croire plus fortement au Marquis que la Devineresse est une Fourbe. Ainsi on ne peut regarder ces Personnages comme inutiles. Il est vray qu'il y en a quelques-uns qui ne connoissant ny la Comtesse ny le Marquis, ne consultent Madame Jobin que pour eux-mesmes ; mais, estant aussi fameuse qu'on la peint icy, eust-il esté vray-semblable que pendant vingt-quatre heures, il ne fust venu chez elle que des Personnes qui se consultent, & qui servissent à l'Action principale?

AU LECTEUR.

Quoy qu'il en soit, on a eu pour but de faire voir que tous ceux & celles qui se meslent de deviner, abusent de la facilité que les Foibles ont à les croire. Il faut regarder si la matiere a esté traitée de la maniere qu'elle devoit l'estre pour faire remarquer leurs artifices; & si cette Comédie les a découverts, on peut dire qu'elle a produit l'effet que demande Horace, qui est d'instruire en divertissant. Mais quand elle seroit, & contre les regles, & sans aucune utilité pour le Public qu'on prétend qu'elle détrompe, ce seroit toûjours quelque chose de fort agreable à voir au Théatre, puis qu'il ne se peut rien adjoûter au jeu fin, aisé, & naturel, de l'excellente Troupe qui la représente. Tant de Gens de toutes conditions ont esté chercher les Devineresses, qu'on ne doit point s'étonner si on a trouvé lieu de faire quelques applications. Il est pourtant vray (& on se croit obligé de le protester) qu'on n'a eu aucune veuë particuliere en faisant la Piece ; mais comme dans cette sorte d'Ouvrage, on doit travailler particulierement à corriger les defauts des Hommes, & que la veritable Comédie

AU LECTEUR.

n'est autre chose qu'un Portrait de ces defauts mis dans un grand jour, on n'en tireroit aucun profit, s'il estoit déguisé de telle sorte qu'il fust impossible que personne s'y reconnust. Ainsi au lieu de deux ou trois applications qui ont esté faites d'abord, on est fort persuadé que mille & mille Gens se sont trouvez dans les divers caracteres dont la Comédie de la Devineresse est composée, & c'est parce qu'ils s'y sont trouvez, qu'elle a pû leur estre utile. Quant au Spectacle, il n'y a point esté mis pour faire paroistre des Ornemens, mais comme absolument nécessaire, la plûpart des Devineresses s'estant servies de Bassins pleins d'eau, de Miroirs, & d'autres choses de cette nature, pour abuser le Public. Je sçay qu'il y a des Esprits forts qu'elles ne pouroient tromper; mais comme presque toutes les Personnes qui les consultent, vont chez elles accompagnées seulement de leurs foiblesses, qu'elles sont timides & naturellement portées à tout croire, avec toutes ces dispositions jointes à la peur qui trouble l'esprit, & qui empesche de bien examiner ce qu'on voit, on se persuadera sans peine, qu'elles

AV LECTEVR.

se laissent tromper d'autant plus facilement, qu'elles cherchent en quelque façon à estre trompées. Ce qui contribuë encor beaucoup à les faire tomber dans le paneau, c'est que tout ce qu'on leur fait voir paroist dans des lieux disposez exprés, s'estant trouvé quelques-uns de ces Trompeurs qui par les fentes d'une Muraille dont on ne pouvoit presque s'apercevoir ont à force de Souflets, fait enfler & sortir des Figures faites de veritables Peaux d'Hommes courroyées. Jugez apres cela de leur adresse, & si au lieu des Timides dont je viens de vous parler, ces sortes de Gens n'estoient pas capables d'embarasser les Personnes les plus résoluës.

Comme beaucoup de Gens assurent toûjours qu'ils ont déja veu la Devineresse imprimée, & que cette Impression ne peut estre qu'imparfaite & pleine de fautes; pour connoistre la veritable, il faut regarder si le titre de la premiere Page, & les mots de *Scene*, sont formez de lettres figurées telles qu'on les trouve icy.

ACTEURS.

MADAME JOBIN, Devineresse,
DU CLOS, Associé de Madame Jobin,
MONSIEUR GOSSELIN, Frere de Madame Jobin,
DAME FRANCOISE, Vieille Servante de Madame Jobin.
MATURINE, Autre Servante de M. Jobin.
LA COMTESSE D'ASTRAGON, Aimée du Marquis,
LE MARQUIS, Amant de la Comtesse, & aimé de Madame Noblet.
MADAME NOBLET.
MONSIEUR DE LA GIRAUDIERE.
LA MARQUISE, Aimée du Chevalier,
LE CHEVALIER, Amant de la Marquise.
MADEMOISELLE DU BUISSON, Suivante de la Comtesse.
MADAME DE LA JUBLINIERE.
MADEMOISELLE DU VERDIER, Suivante de Madame de la Jubliniere.
MONSIEUR GILET Bourgeois de Paris,
MADAME DES ROCHES.
MADAME DE CLERIMONT.
MONSIEUR DE TROUFIGNAC, Gentilhomme Périgordin.
MADAME DE TROUFIGNAC, sa Femme.

La Scene est chez Madame Jobin.

LA DEVINERESSE, COMEDIE.

ACTE PREMIER.
SCENE I.

DU CLOS, M.me JOBIN.

DU CLOS.

La chose ne pouvoit tourner plus heureusement, & j'espere que nous mettrons enfin vostre incredule Mr de la Giraudiere à la raison. La précaution que vous eustes hier, de faire dire que vous estiez allée en Ville, quand il vint vous demander pour sçavoir

A

LA DEVINERESSE,

ce que sont devenus ses Pistolets, m'a donné le temps de les faire peindre, aussi bien que la Table du Cabinet où ils doivent estre trouvez. J'ay fait plus, j'ay attrapé le Portrait de ce Mr de Valcreux qui a pris les Pistolets, & qui ne les a pris que parce qu'il est persuadé que l'autre ne manquera pas à vous venir demander raison du prétendu vol. Le bon est qu'il croit avoir fait le coup si secretement, que si vous le devinez, il vous croira la plus grande Sorciere du monde. Ainsi vous vous allez mettre en crédit auprés de l'un & de l'autre, & cela, grace à mon adresse & à mes soins qui me donnent de bons Espions par tout.

Mme JOBIN.

Hé! Mr du Clos, vous n'y perdez pas. Je vous paye bien, & depuis que je vous ay mis en part avec moy, vous n'estes plus si……

DU CLOS.

Mon Dieu, ne parlons point de cela: C'est assez que nous nous trouvions bien l'un de l'autre, & que le grand nombre de Dupes qui vous viennent tous les jours établisse vostre réputation de tous costez.

COMEDIE.

Mme JOBIN.

Il n'y a que ce diable de la Giraudiere qui me décrie. Quoy que je luy aye dit des choses assez particulieres touchant le passé, & que je luy aye prédit l'avenir le plus juste que j'ay pû par rapport à son humeur, il ne se rend point, & soûtient toûjours que je ne sçay rien.

DU CLOS.

C'est un impertinent ; car quoy qu'il ne se trompe pas, la verité n'est pas toûjours bonne à dire. Si vous n'estes pas Sorciere, vous avez l'esprit de la paroistre, & c'est plus que si vous l'estiez en effet.

Mme JOBIN.

Maturine est admirable pour faire tomber les Gens dans le paneau. Elle affecte un air innocent qui leur fait croire cent Contes qu'elle invente pour les duper.

DU CLOS.

Je l'ay toûjours dit, Maturine est un Tresor. Mais je vous prie, comment va le Mariage que la Dame jalouse veut empescher ? Les trois cens Loüis qu'elle vous promet si son Amant n'épouse point la Comtesse d'Astragon, sont-ils bien comptez ?

LA DEVINERESSE,
Mme JOBIN.

Nous avons déja assez attrapé de son argent pour nous tenir asseurez du reste, si le Mariage ne se fait pas. Les malheurs que j'en ay prédits à la Comtesse, qui est ma Dupe depuis long-temps, l'en ont déja fort dégoûtée. Elle doit revenir icy pour sçavoir l'effet d'un prétendu entretien que je dois avoir avec l'Esprit familier que je luy ay dit qui m'instruit de tout ; & ce qu'il y a d'avantageux, c'est qu'elle me paye pour cela, comme la Dame jalouse me paye pour un Charme qui empesche son Amant de se marier.

DU CLOS.

Eh ! vous n'estes pas la seule qui preniez de l'argent des deux costez. J'en sçay qui n'en font aucun scrupule, & qui ne laissent pas de se dire Gens de bien.

Mme JOBIN.

Ne nous meslons point des autres, ne songeons qu'à nous. Avez-vous icy ce que vous fait peindre pour l'affaire des Pistolets ?

DU CLOS.

La Giraudiere n'a qu'à venir. Tout

COMEDIE.

est prest, comme je vous ay dit.
Mme JOBIN.
Allez. J'apperçoy la Suivante de nostre Comtesse.

SCENE II.

Mlle DU BUISSON, Mme JOBIN.

Mme JOBIN.
Qu'y a-t-il, Mlle du Buisson?
Mlle DU BUISSON.
Ah! Mme Jobin, me voila toute essoufflée. Je suis viste accouruë chez vous par la petite porte de derriere, pour vous dire que ma Maistresse vient vous trouver.

Mme JOBIN.
Que rien ne vous embarasse. Je suis préparée sur ce que j'ay à luy dire; & credule comme je la connois, elle sera bien hardie, si elle se marie apres cela.
Mlle DU BUISSON.
Oüy, mais vous ne sçavez pas que le

Marquis qu'elle ne feroit pas fâchée d'épouſer, vient avec elle veſtu en Laquais. Comme elle l'aſſure de conſentir à le rendre heureux, s'il la peut convaincre que ce que vous debitez n'eſt que tromperie, il s'eſt réſolu à ce déguiſement, pour éprouver ſi voſtre Diable pourra vous en découvrir quelque choſe. Tenez-vous ſur vos gardes là-deſſus.

Mme JOBIN.

Je ſuis ravie de ſçavoir ce que vous m'apprenez. Fiez-vous à moy, rompons l'affaire, il y a cinquante Piſtoles pour vous.

Mlle DU BUISSON.

Quand il n'y auroit rien à gagner pour moy, je croy ſervir ma Maiſtreſſe en travaillant contre le Marquis. Il me ſemble qu'elle ne ſera point heureuſe avec luy.

Mme JOBIN.

Eſt-il des Maris qui puiſſent rendre une Femme heureuſe? Il ne faut pas eſtre plus grande Sorciere que moy pour dire une verité, en prediſant des malheurs à ceux qui ont l'enteſtement de ſe marier.

COMEDIE.

Mlle DU BUISSON.

Il se trouve de bons Maris; il n'y a qu'à mettre le temps à les bien chercher.

Mme JOBIN.

C'est à dire que vous n'y renoncez pas.

Mlle DU BUISSON.

Eh ! je croy qu'un bon Mary est quelque chose de bon.

Mme JOBIN.

Sans doute. Et nostre Comtesse? Elle ne se défie point de nostre commerce?

Mlle DU BUISSON.

Le moyen ? Je luy ay toûjours parlé contre vous. Je luy soûtiens tous les jours qu'il n'y a que le hazard qui vous fasse quelque-fois dire la verité ; & quand pour me convaincre d'erreur, elle m'oppose les choses les plus particulieres de sa vie, qu'elle prétend que vous avez devinées, elle n'a garde de s'imaginer que c'est par moy que vous les sçavez. A propos, j'allois oublier de vous avertir qu'aprés, vous avoir parlé présentement à visage découvert, elle doit venir icy tantost masquée. Je la dois accompagner, masquée comme elle. Je vous serreray la main, ou feray quelque autre signe, afin que vous nous connoissiez. Ne manquez pas à luy prédire les mesmes malheurs.

Mme JOBIN.

Je feray la Sorciere comme il faudra. Qu'est-ce, Maturine ?

SCENE III.

MATURINE, Mme JOBIN, Mlle DU BUISSON.

MATURINE.

C'Est vostre Comtesse.

Mlle DU BUISSON.

Je me sauve par la petite Porte dérobée, & vous rendray compte de tout ce que j'auray entendu dire à son retour.

Mme JOBIN.

Fais-là attendre icy, Maturine, & luy dis que je me suis enfermée pour quelque temps.

MATURINE *seule*.

Je suis bien beste, mais il en est encor

de bien plus beſtes que moy. Combien de médiſances on fait tous les jours du Diable ! On le fait ſe meſler de mille affaires, où il a bien moins de part que je n'y en ay.

§§§§§§§§§§§§§§§§§§§§

SCENE IV.

LA COMTESSE, LE MARQUIS *veſtu en Laquais, tenant la queuë de la Comteſſe.* MATURINE.

LA COMTESSE.

Que fait Mme Jobin ?

MATURINE.

Oh ! Madame, il faut que vous attendiez un peu, s'il vous plaiſt.

LA COMTESSE.

Quelqu'un eſt-il avec elle ?

MATURINE.

Non, mais elle s'eſt renfermée là-haut dans ſa Chambre noire. Elle a pris ſon grand Livre, s'eſt fait apporter un Verre plein d'eau, & je penſe que c'eſt pour vous qu'elle travaille.

LA COMTESSE.

J'auray patience. Fais, je te prie, quand elle sortira, que je sois la premiere à qui elle parle.

SCENE V.

LA COMTESSE, LE MARQUIS.

LA COMTESSE.

EN verité, Mr le Marquis, je souffre beaucoup à vous voir dans cet équipage. Si quelqu'un venoit à vous découvrir, que diroit-on?

LE MARQUIS.

Ne vous inquietez point pour moy. Je me suis fait apporter en Chaise à trois pas de chez Mme Jobin. Je vous ay joint à sa Porte, & m'en retournant avec la mesme précaution, je ne cours aucun peril d'estre veu. Il est vray, Madame, que vous m'auriez épargné ce déguisement, si vous donniez moins dans les artifices de vostre Devineresse, qui ne vous dit toutes les

COMEDIE.

fadaises qui vous font peur, que pour attraper vostre Argent.

LA COMTESSE.
Vous me croyez donc sa Dupe?

LE MARQUIS.
Est-ce que vous ne luy donnez rien?

LA COMTESSE.
Il faut bien que chacun vive de son Mestier.

LE MARQUIS.
Le Mestier est beau de parler au Diable, selon vous s'entend, Madame ; car je ne suis pas persuadé que le Diable se communique aisément. A dire vray, j'admire la plûpart des Femmes. Elles ont une délicatesse d'esprit admirable ; ce n'est qu'en les pratiquant qu'on en peut avoir, & elles ont le foible de courir tout ce qu'il y a de Devins.

LA COMTESSE.
Ce sont tous Fourbes?

LE MARQUIS.
Fourbes de Profession, qui ne sçavent rien, & qui éblouïssent les Crédules.

LA COMTESSE.
Mais, je vous prie, par quel interest Mme Jobin me voudroit-elle empescher de vous é ouler?

LA DEVINERESSE,

LE MARQUIS.

Que sçais-je moy ? J'ay quelque Rival caché qui me veut détruire, & je ne puis comprendre comment vous souffrez que vostre Suivante, Mlle du Buisson, ait plus de force d'esprit que vous. Elle vous dit tous les jours que vous venez consulter une Ignorante ; & si vous l'en vouliez croire, vous vous mocqueriez de ses extravagantes Prédictions.

LA COMTESSE.

Du Buisson est une folle. Il m'est arrivé des choses qu'il n'y a qu'elle au monde qui sçache, & Mme Jobin nous les a dites de point en point. Je ne sçay apres cela, comment du Buisson peut estre incrédule.

LE MARQUIS.

Le hazard l'a pû faire rencontrer heureusement.

LA COMTESSE.

Enfin, M^r le Marquis, vous croirez d'elle ce qu'il vous plaira. Je vous aime, & il n'y aura jamais que vous qui me puissiez faire renoncer à l'état de Veuve : mais apres les veritez qu'elle m'a dites cent fois, je la dois croire, & ne prétens point me rendre malheureuse en vous épousant.

épousant. Vous voyez que je n'oublie rien de ce que je puis faire pour vous. Je l'ay priée d'examiner plus précisément de quel genre de malheur je suis menacée, & si c'est une fatalité qu'on me puisse vaincre. Ma resolution dépend de ce qu'elle me dira, à moins que vous ne me fassiez connoistre qu'elle est une Fourbe, & que tout ce qu'elle sçait n'est qu'artifice.

LE MARQUIS.

J'en viendray à bout, Madame, & vous en allez avoir le plaisir. Ne manquez point à luy demander de mes nouvelles, je suis seur que son Diable n'en sçait point assez pour luy apprendre mon déguisement.

LA COMTESSE.

Il ne luy parle pas toûjours quand elle veut, & elle a besoin quelquefois de plusieurs jours pour le conjurer.

LE MARQUIS.

Voila l'adresse. Elle prend du temps pour s'informer de ce qui luy est inconnu, & elle vous dira que je me seray déguisé quand elle aura pû le découvrir. Et la Giraudiere qui vint chez vous hier au soir ? Croyez-vous qu'elle luy fasse retrouver ses Pistolets ?

LA COMTESSE.

Pourquoy non?

LE MARQUIS.

Il ne le croit pas, luy.

LA COMTESSE.

Quand elle ne luy dira point qui les a pris, je ne la croiray pas Fourbe pour cela. Est-elle obligée de tout sçavoir? Il me semble que c'est bien assez qu'elle ne dise jamais rien que de veritable.

LE MARQUIS.

Je me rens, Madame, & je croy présentement Mme Jobin la plus grande Magicienne qui fut jamais; car à moins qu'elle ne vous eust donné quelque Charme, vous n'entreriez pas si obstinément dans son party. Pour moy, je ne sçay plus ce qu'il faut faire pour vous détromper.

LA COMTESSE.

Ce qu'il faut faire? Il faut me faire connoistre que dans les choses extraordinaires qu'elle fait, il n'y a rien de surnaturel, & que je les pourrois faire moy-mesme, si j'avois l'adresse d'éblouïr les Gens.

LE MARQUIS.

C'est assez, je trouveray moyen de vous contenter.

COMEDIE.

LA COMTESSE.

Taisons-nous, elle descend, & je croy l'entendre.

SCENE VI.

M.me JOBIN, LA COMTESSE, LE MARQUIS.

M.me JOBIN *à Maturine.*

Faites entrer ces Dames dans l'autre Chambre, j'iray leur parler incontinent.

LA COMTESSE.

Hé bien! ma chere M.me Jobin, as-tu fait de ton mieux pour moy?

M.me JOBIN.

Madame, vous ne songez pas que vostre Laquais est-là. Sors, mon amy. Il faut qu'un Laquais demeure à la porte.

LA COMTESSE.

Laisse-le icy, je te prie. Quoy que je me fie à toy, je mourrois de peur si j'estois seule, & il me faut toûjours quelqu'un pour m'assurer.

Mme JOBIN.

Que n'amenez-vous quelque Demoiselle ? J'en aimerois mieux dix qu'un seul Laquais. Ce sont de petits Esprits qui jasent de tout ; & puis comme je fais pour vous ce que je ne fais presque pour personne, je n'aimerois pas qu'on dist dans le Monde que je me mesle de plus que de regarder dans la main.

LA COMTESSE.

C'est un Laquais d'une fidelité éprouvée. Ne crains rien de luy. Qu'as-tu à me dire ? Je tremble que ce ne soit rien de bon. J'en serois au desespoir ; car je t'avoüe que j'ay le cœur pris.

Mme JOBIN.

Je n'ay pas besoin que vous me l'avoüyez pour le sçavoir. Mais plus vous avez d'amour, plus cet amour vous doit engager, non seulement à n'épouser pas un Homme qui ne peut que vous rendre malheureuse, mais à luy conseiller de ne se marier jamais, car il n'y a rien que de funeste pour luy dans le Mariage.

LA COMTESSE.

Que me dis-tu là ? Quoy les choses ne se peuvent détourner ?

COMEDIE.

Mme JOBIN.

Non, hazardez si vous voulez, c'est vostre affaire. Quand vous souffrirez, vous ne vous en prendrez point à moy.

LA COMTESSE.

Mais encor, explique-moy quelle sorte de malheur j'ay à redouter.

Mme JOBIN.

Il est entierement attaché à celuy que vous aimez. S'il se marie, il aimera sa Femme si éperduëment, qu'il en deviendra jaloux jusques dans l'excés.

LA COMTESSE.

La jalousie n'est point de son caractere.

Mme JOBIN.

Il sera jaloux, vous dis-je, & si fortement, qu'il ne laissera aucun repos à sa Femme. C'est là peu de chose, voicy le fâcheux. Il tuëra un Homme puissant en amis qu'il trouvera un soir causant avec elle. On l'arrestera, & il perdra la teste sur un échafaut.

LA COMTESSE.

Sur un échafaut ? Cela est fait. Je ne l'épouseray jamais.

Mme JOBIN.

Ce malheur ne luy est pas seulement infaillible en vous épousant, mais encor en épousant toute autre que vous. C'est à vous à l'en avertir, si vous l'aimez.

LA COMTESSE.

Il ne faut point qu'il songe à se marier. Sur un échafaut ! Quand il seroit le Mary d'une autre, j'en mourrois de déplaisir. Mais tout ce que tu me dis est-il bien certain ?

Mme JOBIN.

Je l'ay découvert par des Conjurations que je n'avois jamais faites. J'en ay moy-mesme tremblé ; car il est quelque-fois dangereux d'arracher les secrets de l'Avenir ; mais je vous l'avois promis, & j'ay voulu tout faire pour vous.

LA COMTESSE.

Quel malheur pour moy de l'avoir aimé ! Je ne l'épouseray point, j'y suis résoluë ; Mais dis-moy, me pourrois-tu satisfaire sur une chose ? Je voudrois sçavoir ce qu'il fait présentement.

Mme JOBIN.

Que gagnerois-je à vous dire ce que vous croiriez que je n'aurois deviné que

COMEDIE,

par hazard ? Apparemment il ne fait rien d'extraordinaire, & il n'est pas difficile de s'imaginer ce qu'un Homme fait tous les matins.

LA COMTESSE.

N'importe, cela me contentera, & je seray plus ferme à te croire, s'il demeure d'accord d'avoir fait ce que tu m'auras dit de luy.

Mme JOBIN.

Seriez-vous Femme à ne vous point effrayer ?

LA COMTESSE.

Peut-estre.

Mme JOBIN.

Vous n'avez qu'à éloigner ce Laquais, vous verrez de vos propres yeux ce que fait presentement vostre Amant. Mais ne tremblez pas, car celuy que je feray paroistre d'abord est un peu terrible.

LA COMTESSE.

Comment ? Le Diable ! La seule pensée me fait mourir de frayeur.

Mme JOBIN.

Il n'est point méchant, il ne faut qu'avoir un peu d'assurance.

LA COMTESSE.

Je vous remercie de vostre Diable. Je ne voudrois pas le voir pour tout ce qu'il y a de plus précieux au Monde.

Mme JOBIN.

Je retourne donc dans ma Chambre, & viendray vous dire ce que j'auray veu.

SCENE VII.

LE MARQUIS, LA COMTESSE.

LE MARQUIS.

EH ! Madame, que ne l'engagiez-vous à faire paroistre son Diable ? Elle vous auroit manqué de parole, ou je vous aurois fait connoistre la tromperie.

LA COMTESSE.

Comment ? vous vous seriez résolu à le voir ?

LE MARQUIS.

Assurément.

LA COMTESSE.

Mais elle vouloit qu'on vous mist déhors, & j'aurois esté la seule qui l'aurois veu.

LE MARQUIS.

N'est-ce pas-là une conviction de la Fourbe ? Il ne luy faut que des Femmes, & un Laquais mesme luy est suspect.

LA COMTESSE.

Vous pouvez garder vostre esprit fort. J'auray toûjours de l'estime & de l'amitié pour vous ; mais vous avez beau m'accuser d'estre trop crédule, je ne vous mettray jamais en état de tuer un Homme pour moy, ny d'avoir la teste coupée.

LE MARQUIS.

Est-il possible que vous donniez croyance à des contes ?

LA COMTESSE.

Vous n'estes-donc pas persuadé qu'elle m'ait dit vray ?

LE MARQUIS.

Point du tout. Elle a ses fins que je ne puis deviner, & je garderay ma teste long-temps, si elle ne tombe que par ses Prédictions.

LA COMTESSE.

Au nom de tout l'amour que vous m'avez témoigné, ne vous mariez jamais.

LE MARQUIS.
Quelle priere !
LA COMTESSE.
Je le voy bien. Vous ne serez convaincu de ce qu'elle sçait, que quand vous aurez veu un Homme mort à vos pieds. Du moins ce ne sera pas moy qui en seray cause.
LE MARQUIS.
Vous me feriez perdre patience. Ie tuëray un Homme, moy qui n'eus jamais envie de tuer, parce que vostre Devineresse l'a prédit ? Fadaise, Madame, fadaise. C'est une ignorante qui ne sçait autre chose que tromper, & il est bien injuste que vous me rendiez malheureux, parce qu'elle vous dit des extravagances.
LA COMTESSE.
Il faut vous entendre dire, c'est une ignorante ; mais si elle peut découvrir que vous vous estes déguisé pour venir chez elle, que direz-vous ?
LE MARQUIS.
Elle ne le découvrira point.
LA COMTESSE.
Je le croy ; mais enfin si cela arrive, me promettez-vous de ne vous marier jamais ?

LE MARQUIS.
Et si elle ne le découvre point, me promettez-vous de m'épouser ?

LA COMTESSE.
C'est autre chose. L'Esprit Familier qu'elle consulte n'est pas toûjours en humeur du luy parler,

LE MARQUIS.
Elle a raison, Madame, vous fermez les yeux, & elle est en droit de vous faire croire ce qu'il luy plaira.

LA COMTESSE.
Je vous l'ay dit dés l'abord. Montrez-moy qu'elle me fait croire des faussetez?

LE MARQUIS.
J'en viendray à bout. Son Diable n'est peut-estre pas si fin qu'on ne trouve moyen de l'attraper.

LA COMTESSE.
Mettez-vous plus loin. J'entens descendre quelqu'un.

LA DEVINERESSE,

SCENE VIII.

Mme JOBIN, LA COMTESSE,
LE MARQUIS.

Mme JOBIN.

J'Ay d'étranges nouvelles à vous apprendre.

LA COMTESSE.

Quelles, je vous prie? ne me faites point languir.

Mme JOBIN.

J'ay veu vostre Amant.

LA COMTESSE.

Hé bien?

Mme JOBIN.

Il faut qu'il ait quelque grand dessein, car il estoit vestu en Laquais, parlant d'action à une Dame.

LA COMTESSE.

Qu'est-ce que j'entens ? A une Dame ! Vestu en Laquais !

Mme JOBIN.

Il vous le niera ; mais soûtenez-luy fortement

COMEDIE. 25

tement que cela est, car il n'y a rien de plus certain.

LA COMTESSE.

Je vous croy. Vous ne m'avez jamais rien dit que de veritable.

Mme JOBIN.

Ils se parloient de costé en se regardant, & cela est cause que je n'ay pû distinguer les traits de l'un ny de l'autre.

LA COMTESSE.

C'en est assez, je ne vous demande rien davantage pour aujourd'huy. Ie suis si troublée, que je ne sçais pas trop bien ce que je vous dis.

Mme JOBIN.

Une autre fois, Madame, ne m'amenez plus de Laquais.

LA COMTESSE.

A demain le reste. Ie n'ay pas la force de vous dire un mot.

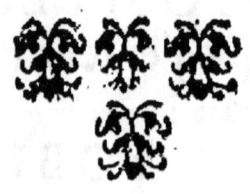

SCENE IX.

Mme JOBIN, DU CLOS.

Mme JOBIN.

LE coup a porté, la Comtesse sort toute interdite.

DU CLOS.

Ie l'ay entenduë de ce Cabinet. Continuez, je me trompe fort si les trois cens Pistoles ne sont à nous. La voila entierement dégoustée du Mariage. Songeons seulement à nous tenir sur nos gardes; car le Marquis enragé de ce qu'elle refuse de l'épouser, employera tout pour découvrir nostre fourbe; & soit par luy, soit par quelques Intrépides qu'il envoyera, vous aurez de puissans assauts à soûtenir.

Mme JOBIN.

Ie m'en tireray. Nous avons déja fait d'autres merveilles.

SCENE X.

Mme JOBIN, DU CLOS, MATURINE.

MATURINE.

Madame, voila une façon de Bourgeois qui vous demande.

DU CLOS.

Comment est-il fait?

MATURINE.

Il est en Manteau, vestu de noir, de moyenne taille, un peu gros.

DU CLOS.

Ie me remets dans ma Niche. C'est asseurément le Brave de volonté dont je vous parlois tantost. Si c'est luy, je viendray joüer ma Scene. Vous en serez beaucoup mieux payée. *Il sor'.*

Mme JOBIN.

Dis-luy qu'il monte, je l'attendray. Dieu mercy je ne manque pas d'exercice, & il me vient tous les jours de nouveaux Chalans. Cependant je me trouve Sor-

28 LA DEVINERESSE,
ciere à bon marché. Trois paroles prononcées au hazard en marmotant, sont mon plus grand Charme, & les Enchantemens que je fais demandent plus de grimaces que de diablerie.

SCENE XI.

Mme JOBIN, Mr GILET.

Mr GILET.

Bonjour, Madame, on dit que vous sçavez tout. Si cela est, vous connoissez ma Maistresse.

Mme JOBIN.

Dequoy s'agit-il ?

Mr GILET.

Il s'agit qu'elle m'aimoit autrefois un peu. Ie ne suis pas mal fait, non, & je luy disois de petites choses qui avoient bien de l'esprit.

Mme JOBIN.

Ie n'en doute point.

Mr GILET.

I'eusse bien voulu me marier avec elle;

COMEDIE.

mais depuis que certaines Gens qui ont veu des Sieges & des Combats luy en content, vous diriez qu'elle a honte de me regarder. Ie m'aperçois bien qu'ils se moquent de moy avec elle, & j'ay quelquefois de grandes tentations de me fâcher; mais comme je n'ay jamais esté à l'Armée, j'ay tant soit peu de crainte d'estre batu, & cela est cause que je ne dis mot.

Mme JOBIN.

C'est estre prudent. Mais que n'allez-vous faire une Campagne ? Vous seriez en droit de parler aussi haut qu'eux.

Mr GILET.

Oüy, mais...

Mme JOBIN.

I'entens, vous n'avez point de courage.

Mr GILET.

Pardonnez-moy, j'en ay autant qu'on en peut avoir. Quand quelqu'un m'a joüé un tour, je suis des six mois sans luy parler, & j'ay le bruit de bien tenir mon courage.

Mme JOBIN.

Ie le croy. Vous le tenez peut-estre si bien, que vous ne le laissez jamais paroistre.

Mr GILET.

Je suis naturellement porté à la Guerre, & il ne se passe point de nuit que je ne me bate en dormant. Je fais des merveilles, & il n'y a pas encor trois jours que m'estant armé de pied en cap dans ma Chambre, je fus charmé de ma mine martiale en me regardant dans un Miroir. Je m'escrimay en suite deux heures durant contre tous les Personnages de la Tapisserie, & je sens bien que je chamaillerois vertement contre des Gens effectifs, mais il y a une petite difficulté qui m'arreste.

Mme JOBIN.

Quelle ?

Mr GILET.

Un coup de Canon ou de Mousquet ne regarde point où il va, & blesse un Homme de cœur comme un autre. Cela est impertinent, & je ne sçache rien de plus fâcheux pour un Brave.

Mme JOBIN.

A dire vray, il n'y a point de plaisir à estre blessé, & je ne sçaurois blâmer les Gens qui ont peur de l'estre.

Mr GILET.

Vous voyez bien qu'avoir peur comme

je l'ay, ce n'est point-là manquer de courage.

Mme JOBIN.

Au contraire, c'est estre capable des grandes choses, que de prévoir le peril; mais comment vous guérir de cette peur?

Mr GILET.

N'avez-vous pas des Secrets pour tout?

Mme JOBIN.

Mais encor, que voudriez-vous qu'on fist pour vous?

Mr GILET.

Pas grand chose, & cela ne vous coûtera presque rien. Vous n'avez qu'à faire que jamais je ne puisse estre blessé, & quand je ne craindray rien, on verra que je seray Brave comme quatre.

Mme IOBIN.

Oh! cela ne va pas si viste que vous pensez. Iamais blessé!

Mr GILET.

Mon Dieu, c'est une bagatelle pour vous.

Mme IOBIN.

J'ay quelques Secrets, je vous l'avoüé; mais il y a de certaines choses difficiles

Mr GILET.

Difficiles ! Vous vous moquez. Combien voit-on de Gens charmez à la Guerre ? Sans cela feroient-ils si sots que d'aller presenter le ventre aux coups de Mousquet ? Parlez franchement, Mme Jobin, il y en a bien de vostre façon.

Mme JOBIN.

Ie ne vous déguise pas que j'ay des Amis en ce Pays-là. Ils ne se sont pas mal trouvez de mon Secret; mais comme il est rare, il couste un peu cher.

Mr GILET.

Ne vous inquietez point pour l'argent. Ie suis Fils d'un gros Bourgeois qui a des Pistoles par monceaux. Il s'appelle Christophe Gilet ; & si par vostre moyen j'avois pû mettre en crédit le nom des Gilets, fiez-vous à moy, je vous ferois riche.

Mme JOBIN.

Vous avez une phisionomie qui m'empesche de vous refuser. I'ay ce qu'il vous faut. Mais au moins n'en parlez à qui que ce soit.

Mr GILET.

Ie n'ay garde. On croiroit que je n'au-

COMEDIE. 33

rois point de courage, quoy que j'en aye autant qu'il m'en faut.

M.me JOBIN.

Hola ! Qu'on m'aporte une de ces Epées qui font dans mon Cabinet. Elle est enchantée. Il ne m'en restera plus que deux, & il me faut plus de six mois à les préparer.

Mr GILET.

Et quand je l'auray, ne faudra-t'il plus que j'aye de peur ?

M.me JOBIN.

Si on vous dit quelque chose de fâcheux, vous n'aurez qu'à la tirer, & incontinent vous ferez fuir, ou desarmerez vos Ennemis.

Mr GILET.

La bonne affaire ! Si cela est, je ne craindray rien, & vous aurez de la gloire à m'avoir fait Brave.

Mme JOBIN.

On ne parlera que de vostre intrépidité. La voila. Tenez, quand vous vous trouverez en occasion de déguainer, mettez les quatre premiers doigts sur le dessus de la garde, & serrez le dessous avec le petit doigt. Tout le Charme consiste en cela.

LA DEVINERESSE,

Mʳ GILET.

Est-ce de cette façon qu'il faut qu'on la tienne?

Mᵐᵉ JOBIN.

Un peu plus vers le milieu. Serrez ferme; il ne se peut rien de mieux.

Mʳ GILET *allongeant avec l'Epée nuë*.

Ah! Vous voyez bien que je me suis exercé. Est-ce sçavoir allonger?

Mᵐᵉ JOBIN.

Quand vous ne feriez que fraper votre Ennemy à la jambe, le coup iroit droit au cœur.

Mʳ GILET.

Et vous m'assûrez que je ne seray point tué?

Mᵐᵉ JOBIN.

Non, je vous garantis plein de vie, tant que vous tiendrez vostre petit doigt de la maniere que je vous l'ay montré. Mettez-là à voſtre costé. Vous prendrez un Habit ſans Manteau, quand vous serez retourné chez vous.

Mʳ GILET.

Oh! Il ne tiendra pas à l'Habit qu'on ne me craigne.

COMEDIE. 35

SCENE XII.

Mme JOBIN, Mr GILET, DU CLOS.

Mme JOBIN.

Où allez-vous, Monsieur? On ne monte point icy sans faire avertir.

DU CLOS.

J'ay à vous parler.

Mme JOBIN.

Et moy, je ne suis pas en humeur de vous entendre.

DU CLOS.

Je suis pressé, & il faut que je vous parle présentement. Monsieur n'a qu'à sortir, s'il luy plaist.

Mr GILET.

Il ne me plaist pas, moy. *bas.* Il me semble que j'ay un peu de peur.

DU CLOS.

Je le trouve drôle avec son Epée & son Manteau.

LA DEVINERESSE,

Mme JOBIN *à Mr Gilet.*

Ne prenez pas garde....

DU CLOS.

Mon petit Bourgeois, sçavez-vous que je vous feray sauter la montée?

Mr GILET.

Peut-estre. *bas.* Courage, Gilet, courage.

Mme JOBIN.

Mais j'ay une affaire à vuider avec Monsieur.

DU CLOS.

Je m'en moque.

Mr GILET.

Si je n'estois plus sage que vous....

DU CLOS.

Comment?

Mme JOBIN *à du Clos.*

Point de bruit. Entrons là-dedans, Monsieur voudra bien attendre.

DU CLOS.

Non, je veux rester icy, & si ce visage de Courtaut ne sort tout à l'heure, je m'en vais le jetter par les fenestres.

Mr GILET.

Si je m'échauffe.... *bas.* Epée enchantée, je me recommande à toy.

COMEDIE.
DU CLOS.
Que dis-tu entre tes dents ?
Mr GILET.
Ce qu'il me plaist.
DU CLOS *luy donnant un soufflet*.
Ce qu'il te plaist ?
Mr GILET *bas*.
Ne te laisse pas insulter, Gilet.
DU CLOS.
Je pense que tu veux mettre l'Epée à la main.
Mr GILET *bas*.
Ferme. Le petit doigt sous la Garde.
Mme JOBIN *à Mr Gilet*.
Eh! Monsieur, vous m'allez perdre. Faites-luy grace, je vous en prie.
Mr GILET.
Non, il faut.... Poltron, tu recules. Voila ton Epée qui tombe. Tu vois, je t'ay desarmé, & il ne tient qu'à moy de te tuer.
Mme JOBIN.
Ne le faites-pas. Vous l'avez vaincu ; c'est assez de gloire pour vous.
DU CLOS.
J'enrage. Mon Epée m'échaper des mains!

D

Mr GILET.

La veux-tu reprendre ? Je ne crains rien moy, & je suis tout prest a recommencer.

Mme JOBIN.

Non pas, s'il vous plaist. Donnez-moy l'Epée, je vous la rendray apres que Monsieur sera party.

Mr GILET.

Qu'il revienne donc, car je veux qu'il sorte dans le mesme instant.

DU CLOS.

Adieu, nous nous reverrons.

Mr GILET.

Quand tu voudras ; mais je t'avertis que si je te sangle le moindre coup, il ira droit au milieu du cœur.

SCENE XIII.

Mr GILET, Mme JOBIN.

Mr GILET.

Que je suis heureux ! Mon Epée, ma chere Epée, il faut que je te baise & rebaise.

COMEDIE.

Mme JOBIN.

Estes-vous content de moy?

Mr GILET.

Si je le suis, Mme Jobin? Vous estes la Reine des Femmes. Voila ma Bourse, prenez ce qu'il vous plaira, je ne vous sçaurois trop bien payer.

Mme JOBIN.

Je ne cherche qu'à obliger les honnestes Gens, & je n'ay jamais rançonné personne. Vous agissez si franchement avec moy, que trente Loüis me suffiront. Je ne veux rien de vous davantage.

Mr GILET.

Trente Loüis! En voila quarante en dix belles Piéces, j'en aurois donné volontiers deux cens. Quand on m'a rendu un service, je n'ay jamais regret à l'argent.

Mme JOBIN.

Je suis fâchée que vous ayez receu un soufflet, mais...

Mr GILET.

Cela n'est rien, & puis ce n'est point la faute de l'Epée. Je vois bien que si je l'eusse tirée plûtost, on ne m'auroit point donné le soufflet.

Mme JOBIN.

Assurément.

Mr GILET.

Comme je vais tenir teste à mes petits Messieurs les Fanfarons qui se meslent de me railler!

Mme JOBIN.

Ecoutez, Mr Gilet, si vous m'en croyez, vous ne tirerez point l'Epée icy. Outre que ce seroit une nouveauté qui donneroit lieu de soupçonner quelque chose, vous ne manqueriez point à tuer quelqu'un, & un Homme tué met les Gens en peine.

Mr GILET.

Vous avez raison.

Mme JOBIN.

Il vaut mieux que vous alliez à l'Armée. Vous tuërez là autant d'Ennemis que vous voudrez; & comme les belles actions sont aisées à faire quand on ne court aucun risque, dés vostre premiere Campagne vous pouvez devenir Mestre de Camp.

Mr GILET.

Mestre de Camp!

Mme JOBIN.

La fortune est belle.

COMEDIE.
Mr GILET.

Je n'en seray point ingrat. Comment? On verroit le nom de Gilet dans la Gazette. Que de joye pour mon bon homme de Pere! Je cours trouver mon Tailleur. Il a toûjours des Habits tous prests, & je brûle de me voir en Brave.

Mme JOBIN.
Vous paroistrez un vray Mars.

Mr GILET.
Je le croy, mais voicy un Homme qui entre bien brusquement. Voulez-vous que je le fasse sortir?

SCENE XIV.

Mme JOBIN, LA GIRAUDIERE, Mr GILET.

LA GIRAUDIERE.
Me faire sortir, moy?

Mr GILET.
Hé!

LA GIRAUDIERE.
Comment, hé? Quelle figure est-ce là?

D iij

LA DEVINERESSE,

Mr GILET *touchant son Epée.*

Figure ! Si l'Epée jouë son jeu....

Mme JOBIN *à Mr Gilet.*

Sortez. Voulez-vous le tuer sans qu'il se défende ? Vous sçavez qu'il luy est impossible de vous resister.

Mr GILET.

A l'Armée ? Mestre de Camp ? Serviteur.

SCENE XV.

LA GIRAUDIERE, Mme JOBIN.

LA GIRAUDIERE,

Oüez-vous icy la Comedie ?

Mme JOBIN.

C'est un Fou qui m'étourdit il y a une heure de ses visions. Mais je vous prie, que venez-vous faire chez moy ? Je suis toute surprise de vous y voir.

LA GIRAUDIERE.

J'ay une chose à vous demander.

Mme JOBIN.

A moy ? A une ignorante ? Vous sça-

COMEDIE,

vez bien que je ne sçay rien, & vous le dites par tout.

LA GIRAUDIERE.

Si vous me parlez juste sur un Vol qui m'a esté fait depuis deux jours, je vous promets de ne dire jamais que du bien de vous.

Mme JOBIN.

On vous a donc volé quelque chose?

LA GIRAUDIERE.

Oüy, une paire de Pistolets, qui sont les meilleurs du monde, & que je voudrois avoir rachetez le double de ce qu'ils m'ont cousté. Faites-les moy retrouver ; je suis à jamais de vos Amis.

Mme JOBIN.

Moy ? Je ne suis point assez habile pour faire retrouver les choses perduës.

LA GIRAUDIERE.

Mes Pistolets, je vous en conjure.

Mme JOBIN.

Comment pourrois-je vous dire où ils sont ? Je me mesle de la bonne Avanture, comme beaucoup d'autres, qui sont aussi ignorantes que moy ; mais faire retrouver des Pistolets !

LA GIRAUDIERE.
Voulez-vous estre toûjours en colere?

Mme JOBIN.
Vous le mériteriez bien. Qu'on m'apporte un Bassin plein d'eau. Un Verre me suffiroit, mais je veux que vous voyiez vous-mesme les choses distinctement; & afin que vous ne croiyez pas que j'aye aucun interest à vous éblouïr, je vous déclare que je ne veux point de vostre argent.

LA GIRAUDIERE.
Je sçay comme il faudra que j'en use.

Mme JOBIN.
Voicy ce qu'il faut. *bas à Maturine.* Est-on là tout prest.

MATURINE *bas.*
Parlez hardiment, rien ne manquera.

Mme JOBIN.
Approchez. Regardez dans ce Bassin. Ne voyez-vous rien?

LA GIRAUDIERE.
Non.

Mme JOBIN.
Panchez-vous de la maniere que je fais, & regardez fixement sans détourner les yeux du Bassin. Ne voyez-vous rien?

COMEDIE.

LA GIRAUDIERE.

Rien du tout.

Mme JOBIN.

Rien du tout ? Il faut donc que vous ne regardiez pas bien, car je vois quelque chose moy.

LA GIRAUDIERE.

Vous voyez ce qu'il vous plaist, mais cependant c'est moy qui dois voir.

(On laisse tomber un Zigzag du haut du plancher qui tient une toile, sur laquelle sont peints deux Pistolets sur une Table.)

Ah ! je commence. Oüy, je vois mes Pistolets, ils sont sur la Table d'un Cabinet, où il me semble avoir quelquefois entré. Je... je ne vois plus rien ! Où diable faut-il que je les aille chercher ? Je ne puis me remettre le Cabinet.

Mme JOBIN.

Il me semble que j'ay assez fait pour vous, de vous faire voir le lieu où vous trouverez vos Pistolets.

LA GIRAUDIERE.

J'aimerois bien mieux que vous m'eussiez fait voir le Voleur. Je ne serois pas en peine de les retirer.

Mme JOBIN.

J'ay commencé, & il ne faut pas faire les choses à demy pour vous. Regardez encor dans le Bassin; mais n'en détournez pas la veuë, car la figure de celuy qui a pris vos Pistolets n'y paroistra qu'un moment. Que voyez-vous?

LA GIRAUDIERE.

Rien encor.

(Le mesme Zigzag fait voir un Portrait.)

Ah! je voy.... c'est Valcreux, un de mes plus intimes Amis. Je luy cachay une Epée il y a quelque temps, il a voulu à son tour me faire chercher mes Pistolets. Je cours chez luy.

Mme JOBIN.

Vous y pouvez aller en toute asseurance. L'épreuve que je viens de faire n'a jamais manqué.

LA GIRAUDIERE.

Vous ne perdrez rien à ce que vous aurez fait pour moy. J'ay du crédit, & ce ne vous sera pas peu de chose d'avoir converty un incrédule de mon caractere.

La Giraudiere sort.

Mme JOBIN *à Maturine.*

Voila qui va bien. Il semble à demy

gagné, & s'il peut une fois l'estre tout à fait, il voit la Comtesse, & je ne doute point que ce qu'il luy dira de l'incident du Bassin, ne la confirme dans l'entêtement où elle est de mon prétendu Sçavoir. Tandis que j'ay un moment à moy, il faut aller donner ordre à ce qui doit éblouïr les autres Dupes qu'on m'a promis de m'amener aujourd'huy.

Fin du Premier Acte.

ACTE II.
SCENE I.

Mme JOBIN, Mme NOBLET.

Mme JOBIN.

JE vous suis bien obligée, Madame, de toutes vos libéralitez. Je me sens portée d'inclination à vous servir, & quand....

Mme NOBLET.

Non, Mme Jobin, ce que je viens de vous donner ne sera compté à rien, & les trois cens Loüis ne vous en seront pas moins payez, si le Mariage que je vous ay prié de rompre, ne se fait point.

Mme JOBIN.

J'ay travaillé de tout mon pouvoir.

Mme NOBLET.

J'en suis convaincuë. J'ay de fidelles Espions

COMEDIE.

Espions chez le Marquis. Ils m'ont dit que la Comtesse luy a declaré qu'elle ne l'épouseroit jamais, & je voy bien que c'est là l'effet du Charme que vous m'aviez promis d'employer.

Mme JOBIN.

Il est bien fort, & s'il peut le vaincre, il faut que son Etoile ait bien du pouvoir.

Mme NOBLET.

Que ce commencement me donne déja de joye! Ie ne me sens pas; & si j'empesche le Marquis de se marier, je me tiendray la plus heureuse Femme du monde.

Mme JOBIN.

Ie vous l'ay promis. Vous serez contente.

Mme NOBLET.

En verité, Mme Jobin, il y va de vostre interest de m'obliger. Vous m'avez assurée il y a longtemps que mon vieux Mary mourroit avant qu'il fust peu. Le Marquis m'a trouvé de l'esprit, & quelque mérite. j'ay pris plaisir à le voir; je l'ay aimé sans luy en rien dire, parce que j'ay crû estre bientost en état de pouvoir disposer de ma Personne, & vous estes la seule cause de cet amour. Il s'est rendu si puissant, que

E

la perte du Marquis seroit pour moy le plus cruel de tous les malheurs. Le Mariage de la Comtesse accommode ses affaires ; & quand il m'en parle, il me siéroit mal de luy faire voir que je suis jalouse, puis que mon Bon-homme vivant toûjours, il n'y a aucune prétention qui me soit permise ; mais enfin, sur ce que vous m'avez dit bien des fois, je me flate de jour en jour qu'il mourra ; & dans la pensée que le Marquis n'aura aucune répugnance à m'épouser, je ne puis souffrir qu'il pense à une autre. Rompez ce malheur, je vous en prie. Il y va de ce que je puis avoir de plus cher, puis qu'il y va de tout mon repos. Comme il ne me croit que son Amie, il ne me soupçonne pas d'agir contre luy.

Mme JOBIN.

Il n'a garde de vous soupçonner. Quel intérest croiroit-il que vous y prissiez ? Vostre vieux Grison ne décampe point. Cependant vous pouvez estre son Amante en tout honneur, car je vous répons du Veuvage dans quelques mois.

Mme NOBLET.

C'est pour cela. Nous n'avons qu'un

COMÉDIE.

peu de temps à gagner. Je me tiens sûre qu'il me prefereroit à toute autre ; mais il n'y a pas moyen de s'expliquer avant qu'estre Veuve.

M.me JOBIN.

Dormez en repos. Je prens l'affaire sur moy, & tost ou tard je la feray réüssir.

M.me NOBLET.

N'épargne rien, Je te prie, ma chere M.me Jobin ; je n'auray point de fortune qui ne soit à toy.

M.me JOBIN.

Mon Dieu, ce n'est point par intérest. Quand une Femme a eu quelque temps l'incommodité d'un vieux Barbon, il est bien juste de luy aider à la marier selon son cœur.

M.me NOBLET.

Adieu, quelqu'un entre ; nous en dirons davantage la premiere fois.

SCENE II.

Mme JOBIN, Mr GOSSELIN.

Mme JOBIN.

Que demandez-vous, Monsieur? Mais que vois-je? Est-ce que mes yeux me trompent? Non. Quoy, mon Frere, apres dix années d'absence....

Mr GOSSELIN.

Ne m'approche pas, tu m'étoufferois peut-estre en m'embrassant, ou tu me ferois entrer quelque Démon dans le corps.

Mme JOBIN.

Un Démon, moy?

Mr GOSSELIN.

Tu en sçais bien d'autres.

Mme JOBIN.

Me voila en bonne réputation auprès de vous; mais encor, qui vous a donné cette pensée?

Mr GOSSELIN.

Qui me l'a donnée? Tous ceux qui ont esté icy seulement deux jours, & qui re-

COMEDIE.

viennent en suite au Païs. On n'y parle d'autre chose que des diableries dont tu te mesles, & on ne veut plus me laisser Procureur Fiscal, parce qu'on dit que je suis le Frere d'une Sorciere.

Mme JOBIN.

Nous vuiderons cet Article. Laissez-moy cependant vous embrasser.

Mr GOSSELIN.

Ne m'embrasse pas, te dis-je; je ne veux non plus de toy que du Diable, à moins que tu ne renonces à toutes tes Sorcelleries. C'est dequoy je me suis chargé de te prier au nom d'une Famille que tu des-honores.

Mme JOBIN.

Que vous estes un pauvre Homme!

Mr GOSSELIN.

Tu devines bien, je suis un pauvre Homme. J'ay des Procés qui me ruinent, & je suis venu à Paris en poursuivre un qui peut-estre me mettra à la Besace.

Mme JOBIN.

Hé bien, mon Frere, il faut faire solliciter pour vous, j'ay de bons Amis.

Mr GOSSELIN.

Je n'ay que faire de toy, ny de tes Amis.

LA DEVINERESSE, Mme JOBIN.

Voila comme font la plûpart des Hommes. Ils donnent dans toutes les sottises qu'on leur débite, & quand une fois ils se sont laissez prévenir, rien n'est plus capable de les détromper. Voyez-vous, mon Frere, Paris est le lieu du monde où il y a le plus de Gens d'esprit, & où il y a aussi le plus de Dupes. Les Sorcelleries dont on m'accuse, & d'autres choses qui paroistroient encor plus surnaturelles, ne veulent qu'une imagination vive pour les inventer, & de l'adresse pour s'en bien servir. C'est par elles que l'on a croyance en nous. Cependant la Magie & les Diables n'y ont nulle part. L'effroy où sont ceux à qui on fait voir ces sortes de choses, les aveugle assez pour les empescher de voir qu'on les trompe. Quant à ce qu'on vous aura dit que je me mesle de deviner, c'est un Art dont mille Gens qui se livrent tous les jours entre nos mains, nous facilitent les connoissances. D'ailleurs, le hazard fait la plus grande partie du succés dans ce Mestier. Il ne faut que de la présence d'esprit, de la hardiesse, de l'intrigue, sçavoir le monde, avoir des

COMEDIE.

Gens dans les Maisons, tenir Registre des incidens arrivez, s'informer des commerces d'amouretes, & dire sur tout quantité de choses quand on vous vient consulter. Il y en a toûjours quelqu'une de veritable, & il n'en faut quelquefois que deux ou trois dites ainsi par hazard, pour vous mettre en vogue. Apres cela, vous avez beau dire que vous ne sçavez rien, on ne vous croit pas, & bien ou mal on vous fait parler. Il se peut faire qu'il y en ait d'autres qui se meslent de plus que je ne vous dis ; mais pour moy, tout ce que je fais est fort innocent. Je n'en veux à la vie de personne, au contraire je fais du plaisir à tout le monde, & comme chacun veut estre flaté, je ne dis jamais que ce qui doit plaire. Voyez, mon Frere, si c'est estre Sorciere qu'avoir de l'Esprit, & si vous me conseilleriez de renoncer à une fortune qui me met en pouvoir de vous estre utile.

Mr GOSSELIN.

Tu as bonne langue, & à t'entendre, il n'y a point de diablerie dans ton fait ; mais je crains bien....

Mme JOBIN.

Ecoutez, mon Frere, n'en croyez

LA DEVINERESSE,

vous. Demeurez seulement un jour avec moy, & vos yeux vous éclairciront de la verité. Vous en allez mesme avoir le plaisir tout présentement. Cachez-vous. Voicy une Fille qui est d intelligence avec moy pour attraper de l'argent à sa Maîtresse. Vous entendrez tout.

SCENE III.

Mme JOBIN, Mlle DU VERDIER.

Mme JOBIN.

HE bien, que me viens-tu dire?

DU VERDIER.

Que Madame m'a fait descendre de Carrosse à vostre Porte, & qu'elle m'envoye sçavoir si vous estes seule.

Mme JOBIN.

Maturine, va dire à une Dame qui est en Carrosse dans la Ruë, qu'il n'y a personne avec moy.

DU VERDIER.

Vous voyez qu'elle s'impatiente de ce

COMEDIE.

que vous ne luy rendez point de réponse.

Mme JOBIN.

Elle a raison ; mais tu sçais qu'il nous falloit tout ce temps pour la tromper dans les formes. Il falloit luy faire chasser la Demoiselle qui la servoit, & te faire entrer en sa place sans qu'elle sçeust que je te connusse. Il falloit de plus la laisser s'accoûtumer avec toy, afin qu'elle y prist quelque confiance. Tout cela s'est fait, & nous sommes en état de luy jolier le tour que tu sçais, sans qu'elle puisse jamais découvrir la tromperie.

DU VERDIER.

Ce ne sera pas par moy. Ie jolleray si bien mon Rôle, qu'elle croira que tous les Diables s'en seront meslez.

LA DEVINERESSE,

SCENE IV.
Mme DE LA JUBLINIERE, Mme JOBIN, Mlle DU VERDIER.

Mme DE LA JUBLINIERE.

Vous m'avez oubliée, Mme Jobin. Je pensois estre plus de vos Amies.

Mme JOBIN.

Mon Dieu, Madame, si vous sçaviez les embarras que j'ay eus, & la peine qu'il y a à découvrir de certaines choses.... Mais enfin ne me grondez point, je suis venuë à bout de vostre affaire.

Mme DE LA JUBLINIERE.

Hé bien? qu'allez-vous me faire voir? Je vous ay demandé quelque chose de surnaturel qui me convainque de ce que j'ay envie de sçavoir.

Mme JOBIN.

C'est là ce que m'a fait estre si long-temps sans vous rien dire. Il m'a fallu

COMEDIE.

conjurer les Esprits les plus éclairez; & comme ils ne m'offroient rien qui ne vous pust laisser dans quelque doute, j'ay attendu que j'aye pû les forcer à vous aller éclaircir vous-mesme chez vous.

Mme DE LA JUBLINIERE.

Comment chez moy? Ie n'y suis presque jamais, & je serois bien fâchée qu'on s'apperceust de quelque fracas.

Mme JOBIN.

Ils sont discrets, & ne feront rien que tout le monde ne soit endormy.

Mme DE LA JUBLINIERE.

Et quand croyez-vous qu'ils viennent?

Mme JOBIN.

Cette nuit mesme.

Mme DE LA JUBLINIERE.

Cette nuit!

Mme JOBIN.

Il semble que vous ayez peur. Ne craignez point, vous ne verrez point de Figures effroyables, & ce que vous entendrez de bruit ne vous obligera point à trembler. Afin que vous soyez persuadée qu'il n'y peut avoir de tromperie, visitez ce soir vostre Chambre avant que de vous coucher, pour voir si vous serez seule, &

prenez-en la clef, afin que personne n'y puisse entrer.

Mme DE LA JUBLINIERE.
Mais Du Verdier que voila y couche.

DU VERDIER.
Ah, Madame, qu'à cela ne tienne, je seray ravie de coucher ailleurs. Iamais personne n'eut tant de peur des Esprits que moy.

Mme JOBIN.
Il dépendra de Madame de vous y faire coucher, ou non. Cela ne fait rien à l'affaire.

Mme DE LA JUBLINIERE.
Et moy qui me connois tres-bien, je trouve que cela y fait beaucoup. Mais achevez, qu'arrivera-t-il?

Mme JOBIN.
Vous voulez sçavoir si vostre Mary mourra avant vous? Attachez-vous à ce que je vay vous dire. Il y a dans vostre Alcove un petit Cabinet sur lequel sont des Porcelaines. La grosse Urne qui est au milieu, tombera d'elle-mesme à quelque heure de la nuit. Si elle se casse, vostre Mary mourra le premier; & si elle ne se casse point, ce sera vous qui marcherez la premiere.

COMEDIE.

premiere. Cette marque est aussi surnaturelle qu'il y en ait, & vous voyez bien que je ne suis pas de ces Femmes qui n'ont que de l'adresse & des paroles. C'est chez vous que la chose se passera, & je n'y seray pas pour faire tomber vostre Urne. Mais quoy, vous resvez?

Mme DE LA JUBLINIERE.

Il est vray, je vois que je me suis engagée trop avant, & j'apréhende d'avoir peur.

DU VERDIER.

Pour moy, Madame, je ne croy pas avoir peur; car vous me dispenserez, s'il vous plaist, de coucher dans vostre Chambre.

Mme DE LA JUBLINIERE.

Il faudra bien que vous y couchiez.

DU VERDIER.

Madame, je voudrois donner ma vie pour vous, mais vous sçavez que dés qu'il est nuit je ne fais pas trois pas que je ne m'imagine avoir quelque Fantôme à ma queuë. Quel avantage auriez-vous de me voir évanoüye de frayeur?

Mme DE LA JUBLINIERE.

Mais quand nous aurons bien fermé la

F

Chambre, & qu'apres avoir cherché par tout, nous ferons certaines qu'il n'y aura perfonne que nous, le bruit d'une Porcelaine qui tombera doit-il tant nous effrayer?

DU VERDIER.

Oüy, mais elle ne tombera point que quelque main invifible ne la pouffe, & je crains bien qu'apres le coup fait, cette main ne vienne mal à propos s'appliquer fur nous. On dit qu'un Efprit eft un lourd frapeur.

Mme JOBIN.

Je vous ay voulu laiffer dire ; mais enfin vous n'aurez peur ny l'une ny l'autre, & je vous feray dormir toutes deux fi tranquilement, que vous ne vous réveillerez que par la chûte de l'Urne.

DU VERDIER.

Oh ! je fuis fort affurée que je ne dormiray pas un feul moment.

Mme DE LA JUBLINIERE.

C'eft une Poltrone qui tremble de tout; Adieu, je fuis réfoluë à fçavoir ma deftinée ; & fi ce que vous m'avez dit arrive, tenez-vous feûre de ce que je vous ay promis,

COMEDIE.

SCENE V.

Mme JOBIN, LA PAYSANE.

LA PAYSANE.

Bonjour, Madame. Est-ce vous qui sçavez tout, & qui s'appelle Mme Jobin?

Mme JOBIN.

Oüy, Mamie, c'est moy.

LA PAYSANE.

Je vous prie, Madame, de me donner viste ce que je vous viens demander. Car il faut que je m'en retourne trouver ma Tante qui m'attend chez son Mary qui sert chez une des pû grande Marquise de la Cour. Je luy ay dit que j'allois voir ma Cousine qui nourrit un Enfant dans ce quartier, & je suis vistement accouruë icy.

Mme JOBIN.

Hé bien, qu'est-ce que vous voulez?

LA PAYSANE.

Ce que je veux?

F ij

64 LA DEVINERESSE,

Mme JOBIN.

Oüy.

LA PAYSANE.

Oh! me vla bien chanseuse. Parce que je suis Villageoise, vous ne voulez rien faire pour moy.

Mme JOBIN.

Non, Mamie, je feray autant pour vous que je ferois pour une Princesse.

LA PAYSANE.

Faites-le donc, je vous prie.

Mme JOBIN.

Vous ne m'avez pas dit ce que vous voulez.

LA PAYSANE.

Je voy bien qu'on m'a trompée. Je croyois que c'estoit à Mme Jobin à qui je parlois.

Mme JOBIN.

Je suis Mme Jobin.

LA PAYSANE.

Vous n'estes donc point celle qui devine?

Mme JOBIN.

Je suis celle qui devine.

LA PAYSANE.

Si vous l'estiez, vous auriez déja deviné

COMEDIE 65

ce que je veux. Car voyez-vous, la Mme Jobin que je veux dire, al devine tout. J'ay veu quelquefois de bien grands Dames chez le Seigneur de noste Village, & comme je suis curieuse, je venois écouter ce qu'ils disoient, & ils disoient que vous deviniez tout.

Mme JOBIN.

Ils disoient vray. Il n'y a rien que je ne devine.

LA PAYSANE.

Que ne devinez-vous donc pour moy? Je ne vous demande pas ça pour rien, & vous estes asseurée que je vous payeray; car comme vous sçavez tout, vous sçavez bien que quelqu'un m'a donné de l'argent sans l'avoir dit à ma Mere.

Mme JOBIN.

Eh! oüy, je le sçay bien, & que ce quelqu'un-là vous aime.

LA PAYSANE.

Ah! vous avez deviné, & pisque vous le sçavez, vous sçavez le reste.

Mme JOBIN.

Oüy, je sçay le reste, & que vous aimez ce quelqu'un.

F iiij

LA PAYSANE.

Est-ce qu'il ne faut pas l'aimer, puisqu'il m'aime, il me le dit tous les jours pus de cent fois ? Il se lamente, il fait de grands soûpirs, & dit qu'il mourra si je ne luy donne mon amiquié ; & comme il est un fort beau jeune Monsieur, ie ne voudrois pas estre cause de sa mort.

M.me JOBIN.

Il y auroit de la cruauté. Mais que faites-vous pour l'empescher de mourir?

LA PAYSANE.

Eh ! je luy dis que ie l'aime.

M.me JOBIN.

Et ne faites-vous rien davantage?

LA PAYSANE.

Dame, il n'y a encor que deux jours que je luy ay dit, car ie voulois sçavoir s'il m'aimoit du bon du cœur ; mais quand ie luy dis ça, il est si aise, si aise.

M.me JOBIN.

Je le croy. Il vous trouve bien gentille?

LA PAYSANE.

Oh oüy. Il m'appelle sa ptite bouchonne, & me dit tant de jolies ptites choses.

COMEDIE.
Mme JOBIN.
Voila qui va bien, pourveu......
LA PAYSANE.
Il m'a promis qu'il m'époufera.
Mme JOBIN.
Et quand?
LA PAYSANE.
Vous le sçavez bien, & c'est pour ça que je viens icy.
Mme JOBIN.
Ecoutez, ma Fille, n'allez pas luy rien accorder que vous ne soyez sa Femme.
LA PAYSANE.
J'erois pourtant bien envie de luy pouvoir accorder ce qu'il me demande.
Mme JOBIN.
Gardez vous-en bien.
LA PAYSANE.
Pourquoy? Il n'y a pas de mal à ça. Presque toutes les grands Dames en ont, & toutes les grands Filles de nostre Village, & je venois vous prier de m'en faire avoir aussi.
Mme JOBIN *bas*.
Ie suis à bout, & je ne sçay plus par où m'y prendre. J'aurois plûtost fait donner une Personne d'esprit dans le panneau,

LA DEVINERESSE,

LA PAYSANE.

Combien faut-il que je vous donne pour ça ? S'il les faut payer par avance, j'ay apporté une Piéce d'or.

Mme JOBIN.

Ie sçay fort bien ce que vous souhaitez avoir, & je m'en vais vous le dire, si vous voulez.

LA PAYSANE.

Eh ie vous en prie.

Mme JOBIN.

Oüy, mais je ne pourray plus rien faire pour vous ; car quoy que je devine tout, il faut que les Gens qui me demandent quelque chose, me le disent eux-mesmes, afin de montrer le consentement qu'ils y apportent.

LA PAYSANE.

Ie vous diray, c'est ça, apres que vous me l'erez dit. N'est-ce pas tout un ?

Mme JOBIN.

Il y a bien de la diférence.

LA PAYSANE.

Ie n'oserois vous le dire. Faites queuque chose pour l'amour de moy. Tenez, vla ma Piece d'or, je vous la donne pûtost toute entiere.

COMEDIE.

Mme JOBIN.

Ne craignez rien. Personne ne nous entend.

LA PAYSANE.

Ie suis trop honteuse. Rendez-moy ma Piéce, j'aime mieux n'en point avoir.

Mme JOBIN.

Dequoy dites-vous que vous aimez mieux ne point avoir?

LA PAYSANE.

Ie dis que j'aime mieux ne point avoir de Tétons, que d'en demander.

Mme JOBIN.

Voilà ce que c'est. Ce sont des Tétons que vous demandez; & dés que je vous ay veuë, ie mourois d'envie de vous en promettre; mais pour vous en faire venir, il falloit vous entendre prononcer le mot. Ce n'est pas pourtant un mot si terrible à dire.

LA PAYSANE.

Ie le dis bien quand je suis toute seule avecu Bastiane. Ils commencent déja à luy pousser.

Mme JOBIN.

Allez, ma Fille, avant qu'il soit trois

ou quatre mois, assurez-vous que vous aurez des Tétons.

LA PAYSANE.

Quoy, j'en eray ? Que me vla aise ! Je n'ay donc pû guere de temps à n'estre point mariée; car le Fils du Seigneur de noste Village m'a dit qu'il m'épouseroit dés que j'en crois.

Mme JOBIN.

Revenez dans cinq ou six jours, je vous donneray des Biscuits que je feray faire ; car il faut du temps & de l'argent pour cela, & dés que vous en aurez mangé, vos Tétons commenceront à grossir.

LA PAYSANE.

On disoit bien que vous estiez une bien habile Madame. Adieu, je vous remercie, je ne donneray de mes Biscuits à personne. Si mes Compagnes ont de ce qu'ils me feront venir, ce ne sera toûjours qu'apres moy.

COMEDIE.

SCENE VI.

Mme JOBIN, LE CHEVALIER.

Mme JOBIN.

AH! Monsieur le Chevalier.

LE CHEVALIER.

Je regardois une fort agréable Paysane qui sort.

Mme JOBIN.

Vous voyez, j'ay commerce avec toute sorte de monde. Mais qu'avez-vous donc fait depuis si long-temps?

LE CHEVALIER.

J'ay esté jaloux comme le Diable, & aussi malheureux que vous me l'aviez prédit.

Mme JOBIN.

Le Mestier d'Amant est un peu rude.

LE CHEVALIER.

La jeune Veuve dont je vous ay dit que j'estois si amoureux, apres m'avoir donné force assurances de sa tendresse, s'est avisée de recevoir des Visites qui m'ont chagriné. J'en ay soûpiré, je m'en suis plaint, ces marques d'amour ont passé chez elle pour tyrannie. Elle en a vû mes Rivaux encor plus souvent; & enfin par le conseil d'une de ses Parentes qui est dans mes intérests, j'ay voulu voir si en m'éloignant je ne luy ferois point changer de conduite. Je luy ay marqué que je partois pour me mettre dans l'impossibilité de l'accabler de mes plaintes; la fierté l'a empeschée de me retenir. Je suis party en effet, & apres avoir passé deux jours à vingt lieuës d'icy, où plusieurs Personnes qui luy écrivent m'ont vû, je suis revenu en secret, & je demeure caché à Paris depuis six jours, afin qu'elle me croye toûjours à la Campagne. La chose a réüssy comme nous l'aviõs pensé. Mon absence luy a fait peine, elle voit mes Rivaux & plus rarement & plus froidement, & souhaite d'autant plus mon retour, que la Parente dont je vous ay parlé l'a piquée à son tour de jalousie. Elle luy a fait croire que pour me consoler de mes chagrins, je pourrois bien voir quelque aimable Personne au lieu où elle me croit, & en devenir amoureux. Cette crainte

COMEDIE.

crainte luy a fait prendre la résolution de vous venir voir aujourd'huy, pour sçavoir de vous ce qu'elle doit croire de moy. J'en ay esté averty par sa Parente, & vous voyez qu'il est en vostre pouvoir de me rendre heureux, en luy persuadant qu'on ne peut l'aimer avec plus de passion que je fais.

Mme JOBIN.

Qu'elle vienne seulement, je répons du reste.

LE CHEVALIER.

J'ay à vous dire qu'elle ne manque pas d'incrédulité sur le Chapitre des Diseurs de bonne Avanture, & que vous viendrez difficilement à bout de luy persuader ce que vous luy direz à mon avantage, si vous ne la préparez à vous croire par quelque chose d'extraordinaire.

Mme JOBIN.

Ne tient-il qu'à y mesler un peu de ma diablerie ? Attendez. Ce qui me tombe en pensée l'étonnera, & ne sera pas mal plaisant.

LA DEVINERESSE,

SCENE VII.

Mme JOBIN, LE CHEVALIER, MATURINE, D^me FRANCOISE.

Mme JOBIN.

Maturine, faites-moy descendre D^me Françoise.

MATURINE.

La voila. Nous estions ensemble sur la montée.

Mme JOBIN.

Approchez, D^me Françoise, j'ay à vous dire deux mots.

Elle luy parle à l'oreille.

D^me FRANCOISE.

Bien, Madame, je m'y en vay tout à l'heure.

Mme JOBIN.

Ecoutez encor.

D^me FRANCOISE.

Je ne manqueray à rien.

COMEDIE.

Mme JOBIN.

Faites tout comme la derniere fois, & que Du Clos se tienne prest; Maturine vous fera entrer quand il sera temps.

SCENE VIII.

Mme JOBIN, LE CHEVALIER.

LE CHEVALIER.

AFin que vous ne preniez pas mon aimable Veuve pour quelque autre, elle m'a donné son Portrait. Il faut vous le faire voir. Examinez-le, il n'y a rien de plus ressemblant.

Mme JOBIN.

Vous avez lieu d'en estre touché, c'est une fort belle Brune.

LE CHEVALIER.

Ecoutez, Mme Jobin, si vous l'obligez une fois à vous croire, je crains qu'elle ne vous mette à de trop fortes épreuves; car sa Parente m'a averty qu'elle vient particulierement vous trouver à la priere d'une Comtesse qu'elle a veuë depuis une heure,

& qui l'a fortement assurée qu'elle ne vous demandera rien que vous ne fassiez.

Mme JOBIN.

Est-elle tout-à-fait persuadée que vous ne soyez point à Paris?

LE CHEVALIER.

Ses Gens m'ont vû monter à Cheval. Elle a écrit au lieu où je luy ay marqué que j'allois; on luy a mandé qu'on m'y avoit vû, & hier encor elle reçeut une Lettre d'un de nos Amis communs de ce Païs-là, qui feignoit qu'il me venoit de quitter tout accablé de douleur. Je l'avois prié en partant de luy écrire de cette sorte, afin que mon retour luy fust caché. Ainsi elle ne doute point que je ne sois encor à vingt lieuës d'elle.

Mme JOBIN.

Puis que cela est, je veux luy faire naistre l'envie de vous voir. Voicy un Miroir que j'avois fait préparer pour une autre affaire, je m'en serviray pour vous. Quand vostre Marquise sera icy, & que vous m'aurez entendu faire une maniere d'Invocation, vous n'aurez qu'à venir derriere ce Miroir baisant son Portrait. Elle vous sçaura bon gré de cette marque d'amour.

COMEDIE.
LE CHEVALIER.

Mais comment me verra-t-elle, si je suis derriere le Miroir?

Mme JOBIN.

Ne vous mettez en peine de rien. Vous vous retirerez apres quelques baisers donnez au Portrait ; & si je vous demande quelque autre chose, vous le viendrez faire.

LE CHEVALIER.

Elle a de la défiance & de l'esprit, prenez garde....

Mme JOBIN.

Fiez-vous à moy, je ne feray rien mal à propos.

SCENE IX.

Mme JOBI, LE CHEVALIER, MATURINE.

MATURINE.

Voilà une belle Dame qui demande si vous estes seule.

LE CHEVALIER.

Si c'estoit elle !

78 LA DEVINERESSE,

Mme JOBIN.

As-tu remarqué si elle est blonde ou brune?

MATURINE.

Elle est brune.

Mme JOBIN.

Sortez viste, vous n'aurez qu'à nous écouter. Souvenez-vous seulement de ce que je vous ay dit du Miroir. Toy, fais-là venir, & te tiens ensuite auprés de moy. Je te feray signe quand il faudra faire entrer Dme Françoise. Voyons si la Dame qu'on me peint si incrédule, conservera toûjours sa force d'esprit. C'est elle assurément, elle ressemble au Portrait.

SCENE X.

Mme JOBIN, LA MARQUISE, MATURINE.

LA MARQUISE.

ENfin, Madame, vous me voyez chez vous. Vous estes à la mode, & il faut bien suivre le torrent comme les autres.

COMEDIE.

M.me JOBIN.

Je sçais si peu de chose, Madame, que vous aurez peut-estre regret à la peine que vous vous donnez.

LA MARQUISE.

On m'a dit de grandes merveilles de vous, & j'ay vû encor aujourd'huy une de mes Amies qui renonce à ce qui la flateroit le plus, parce que vous l'avez assurée qu'il luy en arriveroit de grandes disgraces.

M.me JOBIN.

Je ne sçay qui c'est; mais si je luy ay prédit quelque malheur, elle doit le craindre, je ne trompe point.

LA MARQUISE.

Quand vous tromperiez, vous sçauriez toûjours beaucoup, puis que vous sçauriez tromper d'habiles Gens.

M.me JOBIN.

Il me faudroit plus d'adresse pour cela que pour leur dire la verité.

LA MARQUISE.

Voyons si vous pourrez me la dire. Voila ma main.

M.me JOBIN.

Toutes les lignes marquent beaucoup de bonheur pour vous.

LA MARQUISE.

Paſſons, cela est general.

Mme JOBIN.

Vous eſtes Veuve, & parmy beaucoup d'Amans que vous avez, il y en a un qui vous touche plus que les autres, quoy qu'il ſoit le plus jaloux.

La Devinereſſe fait ſigne à Maturine, qui ſort en ſuite.

LA MARQUISE.

C'eſt quelque choſe que cela.

Mme JOBIN.

Il eſt abſent depuis quelque temps, & vous l'avez aſſez maltraité pour craindre que l'éloignement ne vous le dérobe.

LA MARQUISE.

Cela peut eſtre.

Mme JOBIN.

N'en craignez rien, il n'aime que vous, & vous rendra la plus heureuſe Femme du monde, ſi vous l'épouſez.

LA MARQUISE.

Ce commencement n'eſt point mal; mais franchement je ſuis d'une croyance un peu dure, & ſi vous voulez me perſuader de voſtre Sçavoir, il faut que vous me diſiez plus qu'aux autres.

COMEDIE.

MATURINE *rentrant*.

Voila une Femme qu'on vous amene, Elle dit qu'elle eſt venuë de bien loin pour vous trouver.

Mme JOBIN.

Ne ſçaviez-vous pas que Madame eſtoit icy? Courez luy dire qu'elle revienne dans une heure, je n'ay pas le temps de luy parler.

MATURINE.

Si vous l'aviez veuë, vous auriez eu pitié d'elle. Elle eſt ſi incommodée, que je n'ay pas eu le cœur de la renvoyer. La voila. Regardez comme elle eſt baſtie, je n'en ay jamais veu une de meſme.

LA MARQUISE.

Elle merite que vous l'expediyez promptement. Ecoutez-la, j'auray patience.

Mme JOBIN.

Il me fâche de vous faire perdre du temps.

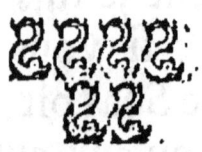

LA DEVINERESSE,

SCENE XI.

Mme JOBIN, LA MARQUISE, D^me FRANCOISE *vestuë en Dame & extraordinairement enflée.* MATURINE.

D^me FRANCOISE *à la Marquise.*

Madame, vostre réputation est si grande, que je suis venuë vous prier....

LA MARQUISE.

Vous vous méprenez, Madame, ce n'est pas moy qui suis Mme Jobin.

D^me FRANCOISE.

Pardonnez-moy, je suis si troublée du mal que je souffre....

LA MARQUISE *à Me Jobin.*

Guerissez-là, vous ferez une belle cure, & apres cela il y aura bien des Gens qui croiront en vous.

Mme JOBIN.

J'en viendrois peut-estre plus aisément à bout que les Medecins.

COMEDIE.

D^me FRANCOISE.

Je n'en doute point. Ie les ay presque tous consultez, & mesme ceux de la Faculté de Montpellier, mais ils ne connoissent rien à mon mal, & ils disent qu'il faut que ce soit un Sort qu'on m'ait donné.

Mme JOBIN.

Il y a bien de l'apparence,

D^me FRANCOISE.

Faites quelque chose pour moy. On m'a dit que vous ne sçaviez pas seulement deviner, mais que vous guérissiez quantité de maux avec des Paroles.

Mme JOBIN.

Le vostre est un peu gaillard.

D^me FRANCOISE.

Je ne demande pas que vous me desenflüez tout-à-fait, je ne veux qu'un peu de soulagement,

LA MARQUISE à Me Jobin.

Vous ne devez pas refuser Madame. Ce ne sera pas une chose si difficile pour vous que de la guérir. On en publie de bien plus surprenantes que vous avez faites.

Mme JOBIN à la Marquise.

Dites le vray. Celle-cy vous paroist au dessus de mon pouvoir?

LE MARQUISE.

J'avoüe que je vous croiray une habile Femme, si vous faites un pareil miracle.

M.me JOBIN.

Il faut vous en donner le plaisir. Aussi bien il y a de la charité à ne pas laisser souffrir les affligez.

LA MARQUISE.

Quoy, vous guérirez cette enflure en ma présence?

M.me JOBIN.

En vostre présence, & vous l'allez voir. Je prétens qu'avant que Madame sorte d'icy, il ne luy en reste pas la moindre marque.

LA MARQUISE.

C'est dire beaucoup.

D.me FRANCOISE *à M.e Iobin.*

Eh! Madame, ne me promettez point ce que vous ne sçauriez tenir. Il y a plus de trois ans que le mal me tient, & je serois bien heureuse si vous m'en pouviez guérir en trois mois. Les Medecins & les Empiriques y ont employé tous leurs Remedes.

M.me JOBIN.

Je vais vous faire voir que j'en sçay plus
qu'eux.

qu'eux. Mais il faut que vous trouviez quelqu'un assez charitable pour recevoir vostre enflure; car comme elle vient d'un Sort qui doit avoir toûjours son effet, je ne puis la faire sortir de vostre corps qu'elle ne passe dans celuy d'un autre, Homme ou Femme, comme vous voudrez, cela ne m'importe.

LA MARQVISE à Me Iobin.

Vous vous tirez d'affaires par-là. Personne ne voudra recevoir l'enflure, vous en voila quitte.

D^{me} FRANCOISE.

C'est bien assez que vous ne me sçachiez guérir, il ne falloit pas vous moquer encor de moy.

Mme JOBIN.

Je ne me moque point de vous. Trouvez quelqu'un, & je vous desenfle.

D^{me} FRANCOISE.

Où le trouver? Il ne tiendroit pas à de l'argent. Si vostre Servante veut prendre mon mal....

MATURINE.

Moy, Madame? Je ne le ferois pas quand vous me donneriez tout vostre bien. Qu'est-ce qu'on croiroit, si on me

H

voyoit un ventre comme le vostre ? On ne diroit pas que ce seroit vostre enflure.

LA MARQUISE.

Vous avez une Fille d'ordre, elle craint les Médisans.

Mme JOBIN.

Il n'y a icy que des Gens d'honneur.

LA MARQUISE à D^me *Françoise*.

Je voudrois voir cette expérience. Ne connoissez-vous personne qui pust se laisser gagner ? On fait tant de choses pour de l'argent.

D^me FRANCOISE.

Je chercheray. Mais il faut du temps pour cela. Attendez. J'ay là-bas le Valet de mon Fermier. Peut-estre voudra-t-il bien faire quelque chose pour moy.

LA MARQUISE.

Viste, qu'on appelle le Valet du Fermier de Madame.

MATURINE.

J'y cours.

Mme JOBIN.

Si ce Valet veut, je ne demande qu'un demy quart d'heure, & Madame se trouvera desenflée.

COMÉDIE.
LA MARQUISE.
Je le croiray, quand je l'auray vû.

SCENE XII.

Mme JOBIN, LA MARQUISE, Dme FRANCOISE, DU CLOS *vestu en Paysan sous le nom de Guillaume*, MATURINE.

Dme FRANCOISE.

Ecoute, mon pauvre Guillaume.

DU CLOS.

Oh! la Servante m'a dit ce que c'est, mais je vous remercie de bien bon cœur. J'aurois trop peur de crever, si j'estois enflé comme vous, ou de ne desenfler jamais.

Dme FRANCOISE.

Mais écoute-moy.

DU CLOS.

Tout franc, Madame, on ne fait point venir les Gens à Paris pour les faire enfler.

Dme FRANCOISE.

Outre dix Pistoles que je te donneray

dés aujourd'huy, je te promets de te nourrir toute ta vie sans rien faire.

DU CLOS.

Dix Pistoles, & je ne feray rien? C'est quelque chose.

LA MARQUISE.

Tien, en voila encor six que je te donne, afin que tu ayes meilleur courage.

DU CLOS.

Vous me faites prendre, mais pourtant je voudrois bien n'estre point enflé.

Mme JOBIN *à Du Clos.*

J'ay à te dire que quand j'auray fait passer l'enflure, ce ne sera pas comme à Madame, tu ne souffriras pas son mal ; & puis tu n'auras qu'à m'amener quelque Miserable qui prendra ta place. C'est pour faire la fortune d'un Gueux feneant.

DU CLOS.

Puis que cela est, vous n'avez qu'à faire, me voila prest ; mais ne m'enflez guere, je vous en prie.

Mme JOBIN.

On ne s'en apercevra presque pas. Viens. Mets-toy là. (*Elle les fait asseoir l'un &*

D^me FRANCOISE. (*l'autre.*)

Je tremble.

COMEDIE.

LA MARQUISE *bas.*

Cela va loin, & je ne sçay presque plus où j'en suis.

Mme JOBIN.

(Elle les touche tous deux & prononce quelques paroles barbares.)

Qu'on ne dise rien.

D.^me FRANCOISE.

Ah, ah.

DU CLOS.

Ah, ah.

D.^me FRANCOISE.

Eh! Madame, eh, eh.

DU CLOS.

Ah, ah, ah, quel tintamare je sens dans mon corps! je croy que l'enflure va venir.

D.^me FRANCOISE.

Ah, ah, ah! Je sens que l'enflure s'en va, eh, eh, eh! Je desenfle, ah, ah, ah!

DU CLOS.

Ah ouy, l'enflure; Hé ouy, l'enflure vient, j'enfle.

D.^me FRANCOISE.

Je desenfle, ah, je desenfle. Hé, hé, hé.

DU CLOS.

J'enfle, j'enfle, hola, hola. Ah, j'enfle,

H iij

j'enfle, j'enfle; ah, ah, ah, c'est assez, que l'enflure arreste, en voila la moitié davantage que Madame n'en avoit. On m'a trompé, & je suis plus gros qu'un tonneau.

D^{me} FRANCOISE *se levant.*

Ah! Madame, que me voila soulagée!

Mme JOBIN *à la Marquise.*

Hé bien, Mesdames, qu'en dites-vous?

LA MARQUISE.

Il y a plus à penser qu'à dire.

D^{me} FRANCOISE.

Suis-je moy-mesme, & ce changement est-il bien croyable? Je ne souffre plus. Je suis guérie. Quelle joye! Ce n'est point assez que trente Loüis qui sont dans ma Bourse. Prenez encor cette Bague en attendant un autre présent. Adieu, Madame, j'ay impatience de m'aller montrer, je croy que personne ne me connoistra. Suy moy, Guillaume.

DU CLOS.

Je ne suis pas si pressé moy. Vous estes plus legere, & je suis plus lourd. On va se moquer de moy. La belle operation! Hi, hi, hi, hi.

MATURINE.

Te voila bien empesché, trouve quel-

COMEDIE.

que Gueux, il y en a mille qui feront ravis d'avoir ton enflure.

SCENE XIII.

LA MARQUISE, Mme JOBIN, MATURINE.

LA MARQUISE.

Qu'ay-je vû ? Est-ce que mes yeux m'ont trompée ?

Mme JOBIN.

Vous avez vû, Madame, un petit essay de ce que peut une Femme qui ne sçait rien.

LA MARQUISE.

J'en suis immobile d'étonnement, & quand ce seroit un tour d'adresse, à quoy il n'y a pas d'apparence, je vous admirerois autant de l'avoir fait que si tout l'Enfer s'en estoit meslé. Mais puis que vous pouvez tant, ne vous amusez point à des paroles pour moy. Je voudrois voir quelque chose de plus fort sur ce qui regarde mon Amant.

LA DEVINERESSE,

Mme JOBIN.

Vous estes en peine de ce qu'il fait où il est?

LA MARQUISE.

Je vous l'avoüe,

Mme JOBIN.

Le voulez-vous sçavoir par vous-mesme? Deux mots prononcez le feront paroistre icy devant vous.

LA MARQUISE.

Je ne serois point fâchée de le voir, mais....

Mme JOBIN.

Vous balancez? N'ayez point de peur. La veuë d'un Amant n'est jamais terrible.

LA MARQUISE.

Et ne verray-je que luy?

Mme JOBIN.

Selon qu'il est seul présentement, ou en compagnie.

LA MARQUISE.

Voyons. Il me seroit honteux de trembler. Il se divertit peut-estre agréablement sans penser à moy.

Mme JOBIN.

Esprit qui m'obéïs, je te commande de faire paroistre la personne qu'on souhaite.

COMEDIE. 93

voir. *à Maturine.* Tirez ce Rideau. Il ne sçauroit tarder un moment.

(*On voit paroiſtre le Marquis dans le Miroir*)

LA MARQUISE.

C'eſt le Chevalier. Le voila luy-meſme. Que fait-il?

Mme JOBIN.

Il a les yeux attachez ſur un Portrait.

LA MARQUISE.

C'eſt le mien, je le reconnois au Ruban.

Mme JOBIN.

Vous devez eſtre contente, il le baiſe avec aſſez de tendreſſe.

LA MARQUISE.

Que je ſuis ſurpriſe! Mais il eſt déja diſparu. La joye de le voir m'a peu duré.

Mme JOBIN.

Vous n'avez point d'Amant ſi fidelle, ny qui vous aime avec tant d'ardeur.

LA MARQUISE.

Je n'en doute point aprés ce que vous m'avez fait voir. Mais n'y a-t-il point moyen de le rappeller auprés de moy?

Mme JOBIN.

Rien n'eſt ſi aiſé. Ecrivez-luy qu'il parte ſur l'heure, il prendra la Poſte,

94 LA DEVINERESSE,
& vous le verrez dés ce soir mesme.
LA MARQUISE.
Dés ce soir mesme! Et il nous faut le reste du jour pour luy envoyer ma Lettre.
Mme JOBIN.
Laissez-moy ce soin, j'ay des Messagers à qui je fais faire cent lieuës en un moment. Vous aurez réponse avant que vous sortiez d'icy.
LA MARQUISE.
J'auray réponse? Voyons jusqu'au bout. Voila des choses dont je n'ay jamais entendu parler.
Mme JOBIN.
Avancez la Table. Il y a une Ecritoire dessus. Il faut, s'il vous plaist, que vous écriviez ce que je vais vous dicter. *Il m'ennuye de vostre absence. Mandez-moy par ce Porteur si vous vous résoudrez à la finir, & si je puis vous attendre ce soir chez moy.* Cela suffit, c'est à moy à cacheter ce Billet. Il y faut un peu de cérémonie que vous ne pourriez voir sans frayeur. Je reviens dans un moment.

La Devineresse sort.
LA MARQUISE.
J'ay fait l'Esprit fort, mais je com-

COMEDIE.

mence à n'eſtre pas trop aſſurée.
MATURINE.
Il n'y a rien à craindre. C'eſt une maniere de Chat-huan qu'elle a là-dedans, à qui elle va parler. Il eſt laid, mais il ne fait jamais de mal à perſonne.
LA MARQUISE.
J'avoüe que tout ce qu'elle fait me confond.
MATURINE.
Elle eſt bien habile, & ſi je vous avois dit...
Mme JOBIN *rentrant*.
A l'heure qu'il eſt, il faut que voſtre Billet ſoit rendu.
LA MARQUISE.
Quoy, ſi promptement?
Mme JOBIN.
Vous allez le voir. Par tout le pouvoir que j'ay ſur toy, je t'ordonne de faire paroiſtre de nouveau celuy que nous avons déja vû. (*Le Chevalier paroiſt une ſeconde fois dans le Miroir.*)
LA MARQUISE.
Il revient. Il a mon Billet. Quels tranſports de joye!
Mme JOBIN.
Ces marques d'amour vous fâchent-elles?

LA MARQUISE.

Il prend la Plume.

Mme JOBIN.

C'est pour vous écrire. Dés le moment que mon Porteur aura sa réponse, il quitera le corps qu'il a pris, & viendra vous la mettre entre les mains.

LA MARQUISE.

A moy ? Qu'il ne m'approche pas, je vous prie.

Mme JOBIN.

Rassurez-vous. Elle tombera à vos pieds sans que vous voyiez personne.

LA MARQUISE.

On luy apporte de la lumiere, il la cachete, il s'en va. Tout le corps commence à me frissonner.

Mme JOBIN.

Il me semble que les choses se passent assez doucement. Vous n'avez rien vû que d'agréable, & je vous ay épargné tout ce qui auroit pû vous faire peur.

LA MARQUISE.

Il est vray, mais quoy que je ne sois pas naturellement timide, j'ay vû tant de choses, que je ne croyois point faisables, que je ne m'assure presque pas d'estre moy-mesme.

LE

COMEDIE.
Mme JOBIN.

Au moins faites-moy la grace de ne rien dire. Il y a de certains Esprits mal tournez...Mais mon Porteur a fait diligence. Voicy la réponse. Prenez.

(On voit tomber une Lettre du haut du plancher.)

LA MARQUISE.

Comment? Toucher à ce qui a esté apporté par un Esprit?

Mme JOBIN.

Lisez. Le Charme a eu son effet, & vous ne devez pas craindre qu'il aille plus loin.

LA MARQUISE. *Elle lit.*

C'est son écriture. Qui l'eust jamais crû? *Je pars sur l'heure, Madame, & doute fort que vostre Porteur vous voye avant moy. Un Amant attendu de ce qu'il adore devance toûjours le plus prompt Courrier. Adieu, Madame, je suis si interdite de ce qui m'arrive, qu'il m'est impossible de raisonner. Je vous reverray. Si je ne vous marque pas ma reconnoissance dés aujourd'huy, vous ne perdrez rien au retardement.*

Mme JOBIN.

Vous en uferez comme il vous plaira, e] vous demande feulement le fecret. *à Mat.* Conduis-là des yeux, & ne nous laiffe pas furprendre. Elle s'en retourne fort étonnée. Jamais Magie n'a mieux operé.

MATURINE.

Parlez en toute affurance, elle eft partie, & je croy que fi on s'en rapporte à elle, il n'y aura jamais eu une plus grande Sorciere que vous.

SCENE XIV.

Mme JOBIN, LE CHEVALIER, MATURINE.

Mme JOBIN.

HE' bien ? Qu'eft-ce, M^r le Chevalier? Vous ay-je fervy?

LE CHEVALIER.

Je te dois la vie, & je ne fçaurois trop payer ce que tu as fait pour moy. Voila dix Loüis que je te donne, en attendant ce que je ne te veux pas dire aujourd'huy.

Mme JOBIN.

Botez-vous ce soir pour aller chez elle. J'ay joüé mon Rôle, le reste dépend de vous. Je ne vous recommande point le secret.

LE CHEVALIER.

J'y suis plus interessé que toy, n'appréhende rien. Adieu, je me regleray sur le Billet envoyé, & me tireray d'affaires comme je dois.

Mme JOBIN.

A la fin me voila seule. Il faut profiter de ce moment.

SCENE XV.

Mme JOBIN, Mr GOSSELIN, MATURINE.

Mme JOBIN.

Venez, mon Frere. Que dites-vous de mon commerce ? Vous en devez estre instruit.

Mr GOSSELIN.

J'avouë qu'il y a icy de grandes

Dupes, si un peu d'adresse les sçait éblouïr.

Mme JOBIN.

Vous n'avez encor rien vû. Venez avec moy, & quand je vous auray montré certaines Machines que je fais agir dans l'occasion, vous me direz si dans la suite de vostre Procés vous ne voudrez vous servir, ny de mon argent, ny de mes Amis.

Fin du Second Acte..

COMEDIE.

ACTE III

SCENE I.

LE MARQUIS, MATURINE.

LE MARQUIS.

Peut-on voir Mme Jobin ?

MATURINE.

Est-ce que vous avez quelque chose de si pressé à luy dire ? Dame, elle a bien des Gens à qui parler.

LE MARQUIS.

J'auray patience. Il me suffit de sçavoir qu'elle soit chez elle.

MATURINE.

Ils sont cinq ou six là-haut qui attendent à la Porte, & qu'elle fait entrer l'un apres l'autre dans son Cabinet. Elle leur montre-là du plus fin.

LA DEVINERESSE,

LE MARQUIS.

On dit qu'elle en sçait beaucoup.

MATURINE.

Oh! il n'y a point de Femme plus habile qu'elle.

LE MARQUIS.

J'ay oüy asseurer qu'elle ne se trompe jamais.

MATURINE.

Elle n'a garde.

LE MARQUIS.

Comment ?

MATURINE.

Je ne dis rien. Vous n'avez qu'a luy demander ce que vous voudrez.

LE MARQUIS.

Elle sçait donc tout?

MATURINE.

Vrayment.

LE MARQUIS.

C'est à dire qu'elle a toûjours quelque Diable en poche?

MATURINE.

Elle ne me montre pas tout ce qu'elle a. Je voy seulement un gros vilain Oyseau dans sa Chambre, qui ne manque point à voler sur son épaule dés qu'elle l'appelle.

COMEDIE

Il luy fourre son bec dans l'oreille pour luy jargonner je ne sçay quoy. Il a un bien laid Langage que je n'entens point ; mais il faut bien qu'elle l'entende elle, car apres qu'ils ont esté ainsi quelque temps, elle n'a plus qu'à ouvrir la bouche pour prédire le passé, le présent, & l'avenir.

LE MARQUIS.

Et n'as-tu vû que cela ?

MATURINE.

Oh ! bien autre chose. Mais elle ne sçait pas que je l'ay vû.

LE MARQUIS.

Et c'est ?

MATURINE.

Vous l'iriez dire, & puis on me chasseroit.

LE MARQUIS.

Je l'irois dire ?

MATURINE.

Voyez-vous, je ne gagnerois jamais autant autre part. Il y a bien des profits avec elle. J'oblige d'honnestes Gens qui sont pressez de la consulter. Je les fais monter avant les autres, & vous sçavez bien, Monsieur....

LA DEVINERESSE,
LE MARQUIS.

Ne crains rien de moy. Voila deux Pistoles pour asseurance que je ne parleray point.

MATURINE.

Vous estes brave Homme, je le voy bien, & il n'y a point de hazard à vous dire tout. Quand elle veut faire ses grandes Magies, elle s'enferme dans un Grenier où elle ne laisse jamais entrer personne. Je m'en fus il y a trois jours regarder ce qu'elle faisoit par le trou de la Serrure. Elle estoit assise, & il y avoit un grand Chat tout noir, plus long deux fois que les autres Chats, qui se promenoit comme un Monsieur sur ses pates de derriere. Il se mit apres à l'embrasser avec ses deux pates de devant, & ils furent ensemble plus d'un gros quart d'heure à marmoter.

LE MARQUIS.

Voila un terrible Chat.

MATURINE.

Ie ne sçay s'il vit que je regardois par la Serrure, mais il vint tout d'un coup se jetter contre la porte, & je la croyois enfoncée, tant il fit de bruit. Ce fut bien à moy à me sauver,

COMEDIE.

LE MARQUIS.

Comment est-ce qu'on t'apelle?

MATURINE.

Maturine, Monsieur, à vostre service.

LE MARQUIS.

Ecoute, Maturine. Je suis curieux, & je sçay plusieurs Secrets qui approchent fort de ce que fait Madame Jobin. Elle t'employe & quelque autre encor dans les Magies? Vingt Pistoles ne tiennent à rien. Je te les vay donner tout presentement, si tu veux m'apprendre de quelle maniere....

MATURINE.

Je pense, Monsieur, que vous vous moquez. Vous estes secret, & je ne m'aviserois pas de vous rien cacher, si elle m'avoit employée à quelque chose. Mais c'est avec des Paroles qu'elle fait tout, & si vous voulez sçavoir comment, il faut que vous trouviez moyen de faire amitié avec son Chat; car il n'y a que luy qui le puisse dire.

LE MARQUIS.

Tu crains....

MATURINE.

Tenez.. Voila une Dame qui sort de son Cabinet, demandez-luy si elle en est satisfaite. Je vay cependant luy faire

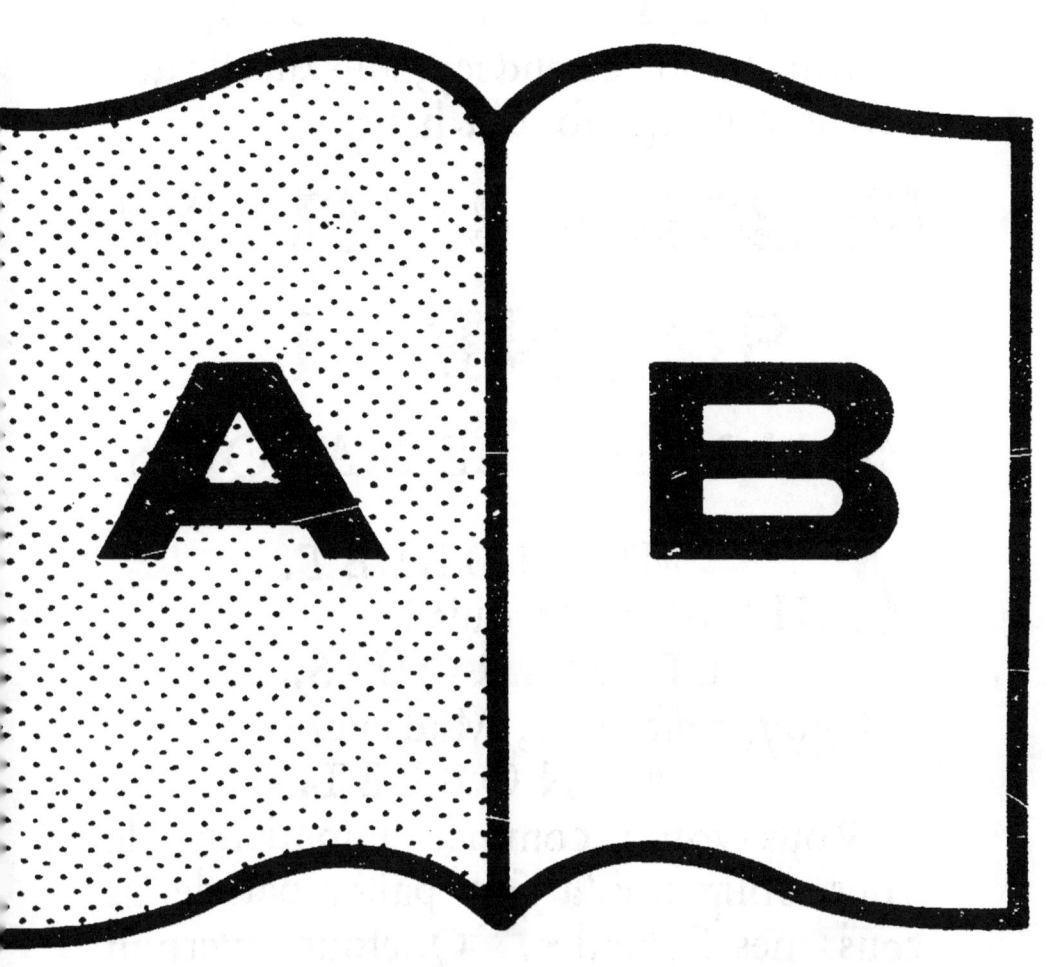

Contraste insuffisant

NF Z 43-120-14

sçavoir qu'on l'attend icy, afin qu'elle dépesche ceux qui sont là-haut.

SCENE II.

Mme NOBLET, LE MARQUIS.

Mme NOBLET.

AH ! Mr le Marquis !

LE MARQUIS.

Quoy, c'est vous, Madame?

Mme NOBLET.

Vous voyez comme l'impatience de vous obliger m'a fait passer par dessus tous mes scrupules. Quelque aversion que j'aye euë toûjours pour les Gens qui se meslent de deviner, vous m'avez priée de voir Mme Jobin, & j'ay voulu y venir sur l'heure.

LE MARQUIS.

Je vous suis fort obligé.

Mme NOBLET.

Qui vous auroit crû icy ? Je traversois cette Chambre pour reprendre l'autre Escalier ; sans cela, je ne vous eusse pas rencontré.

COMEDIE.

LE MARQUIS.

Hé bien, Madame, la Devineresse?

Mme NOBLET.

Je me dédis. Je croyois bien vous ayder à la convaincre de ne sçavoir dire que des faussetez, mais apres ce que j'ay entendu, il faut se rendre. Elle m'a dit des choses…. Je n'en doute point, il y là-dessous du surnaturel.

LE MARQUIS.

Voila qui va bien. Tout ce que vous estes de Femmes, elle vous fait donner dans le panneau. C'est en quoy consiste son plus grand Charme.

Mme NOBLET.

La Comtesse d'Astragon a du merite, & j'aurois beaucoup de joye de vous la voir épouser. Le party vous seroit avantageux, & vous sçavez que je l'ay blâmée d'abord de s'arrester à ce que luy a dit Mme Jobin; mais je trouve présentement qu'elle n'a point tort, & comme vous ètes de mes plus particuliers Amis, j'avouë que ce Mariage me causeroit de la peine, tant je suis persuadée sur ses menaces, qu'il ne pourroit que vous rendre malheureux.

LE MARQUIS.

A cela pres, je voudrois que Madame la Comtesse voulust m'épouser.

Mme NOBLET.

Mais n'y a-t-il qu'elle que vous soyez capable de vouloir pour Femme? Je conçoy qu'il vous sera rude d'y renoncer, mais il faut souffrir quelque chose pour ne pas souffrir toûjours, & si vous m'en croyez, vous irez passer quelque temps à la Campagne. Sa perte vous seroit beaucoup moins sensible si vous vous accoûtumiez à ne la plus voir.

LE MARQUIS.

Et le puis-je faire? Ma plus forte peine vient de ce que la Comtesse me déclare qu'elle ne veut plus souffrir mes visites. Je l'aime trop pour m'en pouvoir séparer.

Mme NOBLT.

Quand il y raison pour cela, il faut s'arracher le cœur. Voyez d'autres Gens. N'avez-vous pas des Amies qui vous reçoivent toûjours avec plaisir? On trouve chez moy assez bonne compagnie. Venez-y souvent. Vous y ferez peut-estre quelque Maîtresse qui vous fera oublier celle que vous regretez. LE

COMEDIE.

LE MARQUIS.

Et que me serviroit de vouloir aimer, puis que si j'en croy vostre impertinente Mme Jobin, les mesmes malheurs qu'elle me prédit avec la Comtesse, me sont infaillibles avec toute autre?

Mme NOBLET.

Je vous avouë qu'elle m'embarasse un peu moy-mesme. Elle m'a dit que je serois bien-tost veuve. Il n'y a rien de surprenant en cela. Mon Mary est vieux, & quoy que je le perde avec douleur, il y a un ordre dans la Nature, & suivant cet ordre il doit mourir avant moy; mais ce que je ne comprens point, c'est qu'elle m'assure que je me remariray, & je ne me sens aucune disposition à rentrer dans le Mariage.

LE MARQUIS.

Vous voyez par-là qu'il ne peut y avoir rien de certain dans ce qu'elle dit, car vous n'aurez qu'à ne vous remarier jamais, & voila sa Prédiction avortée.

Mme NOBLET.

Oüy, mais elle soûtient que j'auray beau faire, & qu'il faudra necessairement que ce qu'elle me prédit arrive. Elle ajoûte

K

que je rendray celuy qui m'épousera le plus heureux Homme du monde.

LE MARQUIS.

Je le croy, Madame, on ne sçauroit qu'estre heureux avec une aussi aimable personne que vous ; Mais cela n'empesche pas que Mme Jobin ne soit une folle, Je vay vous le faire voir. Supposé que vous m'estimassiez assez pour m'épouser, J'aurois toute sorte de bonheur avec vous, parce que cela est de vostre étoile. Cependant il est de la mienne de tourmenter une Femme par mes jalousies, de tuer un Homme qui la verra, & d'avoir la teste coupée sur un échafaut. Accordez cela.

Mme NOBLET,

Mais il n'est pas assuré que je vous épouserois,

LE MARQUIS.

Je dis supposé, Madame, mon peu de merite vous empescheroit sans doute de le vouloir, je me rens justice.

Mme NOBLET.

Vous sçavez que je n'ay point à m'expliquer là-dessus.

LE MARQUIS,

Non, Madame, & je ne le demande

COMEDIE.

pas; mais enfin ce que je sçay bien qui n'arrivera jamais, pourroit arriver.

Mme NOBLET.

Eh.

LE MARQVIS.

En ce cas, aprés ce que nous a dit Mme Jobin à l'un & à l'autre, il faudroit qu'elle eust menty pour vous ou pour moy.

Mme NOBLET.

Ecoutez, la fatalité qu'elle trouve attachée à vostre personne n'est peut-estre pas pour toûjours. Elle peut ne regarder que le temps présent, & cela estant, si vous laissiez passer un an ou deux sans vous marier, vous pourriez en suite épouser qui vous voudriez, & ne craindre rien.

LE MARQVIS.

Je vous assure, Madame, que je ne crains rien du tout. Peut-on faire cas d'une ignorante?

Mme NOBLET.

Pourquoy vous trouvay-je donc icy?

LE MARQVIS.

Je n'y viens pas pour rien sçavoir d'elle, j'y viens pour luy faire voir qu'elle ne sçait rien.

LA DEVINERESSE,

Mme NOBLET.

Je souhaite que vous en veniez à bout, afin que vous me mettiez l'esprit en repos; car dans les sentimens où je suis, il me fâche fort d'avoir à me marier encor une fois, & je ne puis m'empescher de croire que cela sera, parce qu'elle m'a dit d'ailleurs mille veritez.

LE MARQUIS.

Ne craignez rien. Le bon Homme mort, vous demeurerez Veuve tant qu'il vous plaira, & ce ne sera jamais en dépit de vous que vous prendrez un second Mary.

Mme NOBLET.

Je le veux croire. Cependant la curiosité m'engage à revoir demain Mme Jobin. Elle m'a donné son heure, & si elle me satisfait autant qu'aujourd'huy, j'auray de la peine à m'en détromper. Mais adieu. Voicy une Dame qui ne veut pas se faire connoistre icy, & je ne veux pas non plus qu'elle me connoisse.

COMEDIE.

SCENE III.
LA COMTESSE, LE MARQUIS.

LA COMTESSE *avec un autre habit, & se démasquant dés que Mᶜ Noblet est sortie.*

JE vous ay fait attendre long-temps.

LE MARQUIS.

Mᵐᵉ Jobin donne audience là-haut à trois ou quatre Personnes, & nous ne luy aurions pas encor parlé, quand vous seriez venuë aussi-tost que moy. Mais je vous prie, Madame, que vous a dit vostre Amie que nous avons rencontrée en venant icy, & qui vous a fait descendre de mon Carrosse pour vous entretenir dans le sien?

LA COMTESSE.

Ce que je sçay qu'on vous a dit qui vient d'arriver chez la Jobin, touchant l'Avanture du Miroir & de la Dame enflée, dont vous vous estes bien donné de garde de me parler.

LE MARQUIS.

J'enrage de vous entendre conter ce qui ne peut eftre. Tout ce que vous voyez de Gens vous difent merveille de la Jobin, & je ne trouve perfonne qu'elle n'ait trompé.

LA COMTESSE.

Vous eftes fon Ennemy, & vous n'apprenez d'elle que ce qu'il vous plaift. Pour moy qui la connois par moy-mefme, je la croy comme fi tout ce qu'elle me prédit eftoit arrivé.

LE MARQVIS.

Mais, Madame raifonnons un peu. Ce qu'elle dit qui m'arrivera à moy, ne doit m'arriver que par la malignité de l'Aftre qui a préfidé à l'inftant de ma naiffance. Mille & mille autres font nez dans le mefme inftant, & fous le mefme Aftre. Eft-ce que tous ces Gens-là doivent ne fe marier jamais, où font-ils obligez de tuer un Homme ?

LA COMTESSE.

Vous le prenez mal. Il y a une fatalité de bonheur ou de malheur attachée à chaque particulier, & cette fatalité ne dépend point du moment de la naiffance. Mille

COMEDIE. 115

Gens periſſent enſemble dans un Vaiſſeau,
Mille autres ſont tuez dans un Combat.
Ils ſont tous nez ſous differentes Planetes
& en divers temps, & il ne laiſſe pas de leur
arriver la meſme choſe.

LE MARQVIS.

Je voy bien, Madame, que les raiſons
ne vous manqueront jamais pour deffen-
dre voſtre incomparable Mme Jobin. Ah!
ſi vous m'aimiez....

LA COMTESSE.

Je vous aime, & c'eſt par-là que je re-
ſiſte à vous épouſer.

LE MARQVIS.

Quel amour!

LA COMTESSE.

La complaiſance que j'ay de venir encor icy avec vous vous, en marque aſſez.
Je vay me maſquer. Je parleray Languedocien, & appuyeray le Roman que vous
avez inventé. Si Mme Jobin s'y laiſſe
ſurprendre, je me rends, & voſtre amour
ſera ſatisfait; mais ie ſuis fort aſſurée
qu'elle connoiſtra que nous la trompons.

LE MARQVIS.

J'en doute, à moins qu'elle ne me recon-
noiſſe pour m'avoir vû tantoſt en Laquais.

LA COMTESSE.

Elle n'a presque pas détourné les yeux sur vous, & puis, cet ajustement & cette Perruque vous donnent un autre visage que vous n'aviez.

SCENE IV.

MATURINE, LA COMTESSE, LE MARQUIS, M.me JOBIN.

MATURINE *à la Devineresse en entrant.*

Voila un honneste Gentilhomme qui vous attend il y a long-temps.

LE MARQUIS *à la Comtesse.*

Gardez-vous bien de vous laisser voir.

M.me JOBIN.

Je suis fâchée de n'avoir pû descendre plûtost.

LE MARQUIS.

Tant de Gens vous viennent chercher de tous costez, qu'en quelque temps que ce soit on est trop heureux de vous parler.

COMEDIE.

Mme JOBIN.

Je voudrois pouvoir satisfaire tout le monde, mais on me croit bien plus habile que je ne suis.

LE MARQUIS.

Nous venons à vous, Madame & moy avec une entiere confiance; car on nous a tant dit de merveilles....

Mme JOBIN.

Laissons cela. Dequoy s'agit-il?

LE MARQUIS.

Je suis de bonne Maison, pas tout-à-fait riche. La Personne que vous voyez est la plus considerable Heritiere de Languedoc, je l'ay enlevée. Nous nous sommes mariez. Son Pere me veut faire faire mon Procés. Il cherche sa Fille. Elle se cache. On s'employe pour l'obliger à nous pardonner. On n'en peut venir à bout. Il est question de le fléchir. Vous faites des choses bien plus difficiles. Tirez-nous d'affaires. Il y a deux cens Pistoles pour vous.

LA COMTESSE.

La fauto n'es pas tan grando. L'amour fa fairé quado jour de pareillos causos, & vous noü ferex pas fachado de nous abé rendut l'ou repaux.

LA DEVINERESSE,

Mme JOBIN.

Ce que vous voulez n'est pas entierement impossible.

LE MARQUIS.

Je sçay que le moindre de vos Secrets suffira pour nous. Voila trente Loüis dans une Bourse. Prenez-les d'avance, & nous secourez.

LA COMTESSE.

Yeu vous dounaray de moun coustat. Fasex mé ben remetré anbé moun Peire.

Mme JOBIN.

Il est en Languedoc?

LE MARQUIS.

Il fait ses poursuites au Parlement de Toulouze.

Mme JOBIN.

Nous le gagnerons. Il faudra peut-estre un peu de temps pour cela.

LA COMTESSE.

N'importe.

Mme JOBIN.

Je vay vous dire ce que vous ferez; Ecrivez-luy.

LA COMTESSE.

El deschiro mas Letros sans voulé legi.

COMEDIE.

M.me JOBIN.

Quand j'auray fait quelque cérémonie sur le Papier, écrivez. Pourvû qu'il touche la Lettre, vous verrez la suite.

LA COMTESSE.

Yeu faray ben quel la touquara.

M.me JOBIN.

C'est assez.

LE MARQUIS à la Comtesse.

Que j'ay de joye ! Nous voila hors d'embarras. Madame dira quelques paroles sur le Papier, & avec le temps le Papier touché fera son effet.

LA COMTESSE.

Dounay mé promptemen d'aquel Papié.

M.me JOBIN.

Je vous en apporte dans un moment.

LE MARQUIS à la Devineresse.

Deux mots, je vous prie, avant que vous nous quittiez. Nous nous sommes mariez par amour. On veut que ces sortes de Mariages ne soient pas heureux. Que pouvons-nous attendre du nostre?

M.me JOBIN regardant fixement le Marquis.

Assez de bonheur, au moins cela me

paroist ; car je m'arreste plus aux traits du visage qu'aux lignes des mains. Je vous en parlerois plus asturément si Madame vouloit se montrer.

LA COMQESSE.

Dispensax mé, yeu vous pregué ; yeu ay milo rasous que me deffendon de me laissa veiré.

LE MARQVIS.

En faisant le Charme pour le Papier, n'en pourrez-vous pas faire quelqu'un qui vous découvre ce que je voudrois sçavoir?

Mme JOBIN.

Vous serez content, laissez-moy faire.

SSSSSSSSSSSSSSSSSSSS

SCENE V.

LE MARQUIS, LA COMTESSE.

LE MARQVIS.

ME tiendrez-vous parole, Madame? La Devineresse n'a pû deviner. Elle nous croit mariez, & je ne suis plus menacé de perdre la teste.

COMEDIE.
LA COMTESSE.
Nous verrons ce qu'elle dira à son retour.

LE MARQUIS.
Elle nous dira qu'il n'y a point de bonheur qui ne nous attende, & vous apportera du Papier charmé. Du Papier charmé! Y a-t-il rien de plus ridicule?

LA COMTESSE.
Je croy qu'il auroit l'effet que nous luy avons demandé, si ce que vous luy avez dit estoit veritable. Mais ne nous réjoüissons point avant le temps. Quand elle aura consulté l'Esprit Familier qu'elle a, je jurerois bien que la tromperie luy sera connuë.

LE MARQUIS.
La Jobin a un Esprit Familier!

LA COMTESSE.
Elle en a un, & elle ne peut avoir appris que par luy cent choses secretes qu'elle m'a dites.

LE MARQUIS.
Et si elle vous apporte du Papier charmé, sans que son Esprit Familier l'ait avertie de la piéce que nous luy faisons?

LA DEVINERESSE,
LA COMTESSE.

Je vous promets alors de me démasquer, de luy faire confusion de son ignorance, & de vous épouser sans aucun scrupule.

LE MARQUIS.

Me voila le plus content de tous les Hommes. Mme Jobin est aussi peu Sorciere que moy, & son Esprit Familier n'est autre chose que la foiblesse de ceux qui l'écoutent. Vous l'allez voir. Il me semble que je l'entens.

SCENE VI.

LE MARQUIS, LA COMTESSE, Mme JOBIN.

LE MARQUIS.

HE' bien, le Papier?

Mme JOBIN.

Qu'en feriez-vous ? Madame n'a point de Pere. Vous ne l'avez ny enlevée ny épousée, & ce qui est davantage, vous ne l'épouserez jamais.

COMEDIE. 123

LA COMTESSE.

Yeu vous ay ben dit, Monseur, qua quo ero la plus habillo Fenno que ya quello al'mundo.

LE MARQUIS.

J'avouë que je n'ay point enlevé Madame, mais je ne l'épouseray jamais.

Mme JOBIN.

Non assurément.

LE MARQUIS.

Et la raison?

Mme JOBIN.

Je ne me suis pas mise en peine de la demander, mais il est aisé de vous la faire sçavoir. Voulez-vous que je fasse paroître l'Esprit qui me parle? Vous l'entendrez.

LE MARQUIS.

Je vous en prie.

LA COMTESSE.

Pareisse l'Esprit!

Mme JOBIN.

Afin que vous en souffriez la veuë plus aisément, vous ne verrez qu'une Teste qu'il animera; mais ne témoignez pas de peur, car il hait à voir trembler, & je n'en serois pas la maîtresse.

L ij

LA COMTESSE.
Noun pas témougna de peau!
LE MARQUIS à la Comtesse.
Pourquoy en avoir? Je seray auprés de vous.

Mme JOBIN.
C'est faire le Brave à contre temps. Vous pourriez bien avoir peur vous-mesme, & je ne sçay si vous vous tireriez bien d'avec l'Esprit.

LA COMTESSE.
Anen, anen, Moussou, yeu nay qué faire ni d'esprit ni de testo, per estré assegurado, car saven tout aissei.

LE MARQUIS.
Je remets Madame chez elle, & vous viens retrouver incontinent. Préparez vostre plus noire Magie, vous verrez si je suis Homme à m'épouvanter.

Mme JOBIN seule.
Il y va de mon honneur de bien soûtenir mon Rôle. Voicy un Homme piqué au jeu. Il ne me laissera point de repos si je ne le persüade luy-mesme que je suis Sorciere. Ils sont partis, Mlle du Buisson, vous pouvez entrer.

SCENE VII.

Mlle DU BUISSON, Mme JOBIN.

Mlle DU BUISSON.

Dites le vray, Mme Jobin, je suis accouruë bien à propos.

Mme JOBIN.

J'avouë que si vous fussiez venuë un moment plus tard, j'eusse donné jusqu'au bout dans l'enlevement. Comment deviner qu'ils me faisoient piéce? Je n'avois pas assez examiné le Marquis dans son habit de Laquais pour le reconnoistre en Cavalier. Vous m'aviez dit que vous accompagneriez la Comtesse quand elle viendroit masquée. Je ne voyois personne avec elle, elle parloit Languedocien. C'estoient bien des choses pour ma prétenduë Magie.

Mlle DU BUISSON.

Il faut que ce fâcheux de Marquis l'ait persecutée pour venir pendant que j'estois dehors. J'ay sçeu en rentrant qu'elle avoit changé d'habit, & qu'elle estoit sortie avec luy dans son Carrosse sans aucune suite. Cela m'a donné du soupçon; je n'ay point douté que ce ne fust pour venir masquée chez vous. Jugez si j'ay perdu temps.

Mme JOBIN.

Il n'en est que mieux que la chose ait ainsi tourné.

Mlle DV BVISSON.

Je tiens le Mariage rompu. Ma Maîtresse n'en veut déja plus recevoir de visites.

Mme JOBIN.

Ce qu'il y a de plaisant, c'est qu'une Dame me paye pour empescher le Mariage du Marquis, & que le Marquis employe bonnement cette mesme Dame pour me venir éprouver.

Mlle DV BVISSON.

Il est tombé en bonne main. Je croy voir quelqu'un. Adieu, je m'échape. Vous aurez toûjours de mes nouvelles dans le besoin.

COMEDIE.

SCENE VIII.

M. JOBIN, DU CLOS.

DU CLOS.

JE vous ay trouvé une admirable Pratique. J'en ris encor, aussi bien que de la Scene de l'enflure, où comme vous sçavez je n'ay pas mal joüé mon Rôle.

M. JOBIN.

Et cette Pratique l'amenez-vous?

DU CLOS.

Non, ce ne sera que demain. C'est la plus crédule de toutes les Femmes, & vous n'aurez pas de peine à la duper. Elle a un Amant en tout bien & en tout honneur, comme beaucoup d'autres ; mais elle ne laisse pas de luy donner pension. Cela accommode le Cavalier, qui a cependant une petite amourette ailleurs. La Dame s'est apperceuë de quelques visites, le chagrin l'a prise, & c'est là-dessus que je luy ay persuadé de vous venir voir. Comme je me suis fait de vos Amis, elle m'a prié de l'amener; & si vous luy dites, mais d'une maniere où il entre un peu de Diableries, que son Amant ne la trompe point, elle vous croira, & laissera le Cavalier en repos. Il m'a promis un présent si j'en viens à bout, & c'est travailler de plus d'un costé.

Mme JOBIN.

Nous y penserons. Il suffit que nous ayons temps jusqu'à demain. Ce qui presse, c'est l'Amant de nostre Comtesse d'Astragon. Il vient de partir d'icy avec elle fort surpris d'un tour de Magie qu'il n'attendoit pas. Il va revenir, & il nous embarassera toûjours, si nous ne trouvons à l'ébloüir par quelque chose de surprenant.

DU CLOS.

Rien n'est plus aisé. Faisons ce qui épouvanta si fort dernierement ce Cadet Breton qui faisoit tant le hardy.

Mme JOBIN.

Je croy que nostre Marquis n'en sera pas moins effrayé. Allez préparer tout ce qu'il faut pour cela, aussi bien je voy monter une Dame.

COMEDIE.

SCENE IX.

Mme JOBIN, Mme DES ROCHES.

Mme DES ROCHES.

N'Estes-vous pas Mme Jobin?

Mme JOBIN.

Oüy, Madame.

Mme DES ROCHES.

Si vostre visage m'est inconnu, vostre réputation m'est bien connuë.

Mme JOBIN.

Voyons, Madame, que souhaitez-vous de moy?

Mme DES ROCHES.

Une chose qui me tient un peu au cœur, & dont pourtant je ne puis vous parler sans confusion. On dit que vous ne vous meslez pas seulement de deviner, & que vous avez des Secrets tous merveilleux pour conserver la beauté, & mesme pour en donner. Ne me regardez point, je vous prie; la rougeur que ce discours m'a fait monter au visage en redoubleroit.

Mme JOBIN.

Demandez-moy autre chose. Comment ne pas regarder une aussi belle Personne que vous?

Mme DES ROCHES.

Je sçay que je ne suis pas une beauté achevée; mais je m'en console. J'ay quelque agrément, un peu d'esprit, des manieres assez enjoüées, & je croy qu'avec cela on peut faire figure dans le monde.

Mme JOBIN.

Vous ne sçauriez l'y faire mauvaise.

Mme DES ROCHES.

Enfin je suis contente d'estre comme je suis, & je ne voudrois pour rien me changer avec une autre.

Mme JOBIN.

Avec une autre! Vous y perdriez. Je ne connois point de belle Personne qui ne fust ravie de vous ressembler.

Mme DES ROCHES.

Je ne vous demande pas aussi de me faire devenir plus belle; mais je vous demande dequoy conserver long-temps ce que vous me voyez d'agrément.

Mme JOBIN.

Et si je vous donnois dequoy l'augmenter?

COMEDIE.

Mme DES ROCHES.

Quoy, vous le pouvez?

Mme JOBIN.

C'est un Secret éprouvé cent fois. Je n'ay pour cela qu'à vous faire changer de peau.

Mme DES ROCHES.

Changer de peau!

Mme JOBIN.

Oüy, Madame, changer de peau.

Mme DES ROCHES.

Changer de peau, Madame, changer de peau! C'est donc par une Metempsicose? Changer de peau, mon Dieu! Je frémis en y pensant, & il me semble déja qu'on m'écorche toute vive.

Mme JOBIN.

Il y auroit de la cruauté. Mais enfin si vous voulez avoir une peau d'Enfant, unie, délicate, fine, il faut vous résoudre à ce que je dis.

Mme DES ROCHES.

C'est aux laides à tant souffrir pour devenir belles; mais pour moy...

Mme JOBIN.

Et qui vous dit, Madame, qu'il faut tant souffrir?

LA DEVINERESSE,

M.me DES ROCHES.

Comment, je deviendrois encore plus belle que je ne suis sans rien endurer?

M.me JOBIN.

Assurément.

M.me DES ROCHES.

Eh faites, je vous prie.

M.me JOBIN.

Toute l'incommodité que vous aurez, sera de demeurer quinze jours dans vostre Chambre sans vous montrer. Vous ne serez pas la seule, j'en connois présentement plus de quatre qui ne sortent point par cette raison.

M.me DES ROCHES.

Quinze jours ne sont pas un si long terme.

M.me JOBIN.

Je vous donneray d'une Pommade qui fera tomber insensiblement la premiere peau de vostre visage, sans que vous sentiez le moindre mal.

M.me DES ROCHES.

Donnez-m'en viste. Je la payeray bien.

M.me JOBIN.

Ma Pommade n'est pas encor achevée. Prenez la peine de revenir dans deux jours, j'en auray de faite.

COMEDIE.

Mme DES ROCHES.

Et cette Pommade ne pourroit-elle point me resserrer tant soit peu la bouche? Car quoy que je l'aye des mieux taillées, il me semble qu'on ne peut jamais l'avoir trop petite.

Mme JOBIN.

C'est une des proprietez de ma Pommade. Elle apetisse la bouche, rend l'œil plus fendu, & donne une juste proportion au nez.

Mme DES ROCHES.

Pour cela, Mme Jobin, vous estes une ravissante Femme. Si j'osois encor vous demander une autre petite chose....

Mme JOBIN.

Dites, Madame, il n'est rien que je ne fasse pour vous.

Mme DES ROCHES.

Ecoutez, plus on est belle, plus on aspire à estre parfaite. Je chante un peu & je sçay tous les plus beaux Airs de l'Opera. Je voudrois que vous m'eussiez rendu la voix plus douce & plus flexible que je ne l'ay. Il y a de certains petits roulemens qui sont si jolis, je ne les fais point bien à ma fantaisie.

M.me JOBIN.

Si vous voulez, je vous feray chanter comme un Ange. Je fais un Sirop admirable pour cela. La composition en est un peu chere, mais vous n'en aurez pas plûtost pris trois mois....

M.me DES ROCHES.

Faites le Sirop, je ne regarde point à l'argent.

M.me JOBIN.

Je le tiendray prest avec la Pommade. Il faut seulement prendre la mesure de vostre voix.

M.me DES ROCHES.

La mesure de ma voix ! Qu'est-ce que cela veut dire?

M.me JOBIN.

Cela veut dire qu'il faut que vous me chantiez un Air, afin que selon ce que vostre voix a déja de force & de douceur, j'ajoûte ou diminuë dans la composition du Sirop.

M.me DES ROCHES.

Je suis un peu enrumée, au moins.

M.me JOBIN.

N'importe. Quand j'auray entendu le un, je feray le reste.

COMEDIE, 135
Mme DES ROCHES chante.

Pourquoy n'avoir pas le cœur tendre?
Rien n'est si doux que d'aimer?
Peut-on aisément s'en défendre?
Non, non, non, l'Amour doit tout charmer.

Cela n'est pas tout-à-fait chanté, mais…

Mme JOBIN.

Vous avez déja beaucoup de talent, & de la maniere que je feray mon Sirop…

SCENE X.

MATURINE, Mme JOBIN, Mme DES ROCHES.

MATURINE.

Madame. Voila ce Monsieur qui vous avoit dit qu'il reviendroit.

Mme DES ROCHES.

Je vous quitte; mais vous souviendrez-vous assez du son de ma voix ? Si vous voulez que je revienne chanter…

Mme JOBIN.

Non, Madame, je vous ay entenduë

M ij

assez. *à Maturine.* Dy là-dedans qu'on se tienne prest.

SCENE XI.

Mme JOBIN, LE MARQUIS.

Mme JOBIN.

HE' bien, Monsieur, vostre Languedocienne?

LE MARQUIS.

Elle a eu peur. Cela est pardonnable à une Femme. Vous m'avez surpris, je vous l'avouë. Je ne croyois pas que vous pussiez deviner que nous vous trompions, & je trouve cela plus étonnant que si vous nous aviez fait voir vostre Démon Familier.

Mme JOBIN.

Il sera toûjours fort malaisé qu'on me trompe. Je pratique certains Esprits éclairez....

LE MARQUIS.

Laissons vos Esprits, cela est bon à dire à des Dupes. J'ay couru le monde, & je sçay peut-estre quelques Secrets que

COMEDIE 137

vous seriez bien aise d'apprendre. Il est vray que tout ce que je vous ay dit de la Dame Languedocienne, n'estoit qu'un jeu. Elle est Femme d'un Gentilhomme qui est venu icy poursuivre un Procés, & vous avez parlé en habile Devineresse, quand vous avez dit que je ne l'avois ny enlevée ny épousée. Entre nous, par où avez-vous pû le sçavoir?

Mme JOBIN.

Par la mesme voye qui me fera découvrir, quand je le voudray, si ce que vous me dites présentement est vray ou faux.

LE MARQUIS.

Vous voulez encor me parler de vos Esprits? Est-ce avec moy qu'il faut tenir ce Langage? J'ay cherché inutilement en mille lieux ce qu'on dit que vous faites voir à bien des Gens, & il y a long-temps que je suis revenu de tous ces contes. Je vous parle à cœur ouvert, faites-en de mesme. Avoüez-moy les choses comme elles sont. Je ne suis pas Homme à vous empescher de gagner avec les Sots. Chacun doit faire ses affaires en ce Monde ; & depuis le plus grand jusqu'au plus petit, tous les Personnages qu'on y joüe

M iij

ne font que pour avoir de l'argent.

Mme JOBIN.

Comment de l'argent? Pour qui donc me prenez-vous? Il n'y a point d'illusion dans ce que je fais. Je tiens ma parole à tout le monde, & je la voudrois tenir au Diable, si je luy avois promis quelque chose.

LE MARQUIS.

Je le croy. Il faut bien tenir parole aux honnestes Gens. Mais encor un coup, Mme Jobin, avoüez-moy que vostre plus grande science est de sçavoir bien tromper. Je vous en estimeray encor davantage. Je loüeray vostre esprit, & si vous me voulez apprendre vos tours d'adresse, je vous les payeray mieux que ne font les foibles à qui vous faites peur par-là.

Mme JOBIN.

C'est trop m'insulter, gardez de vous en trouver mal. Je n'ay aucun dessein de vous nuire; mais on pourroit prendre icy mon party, & quoy que vous ne voyiez personne on vous entend.

LE MARQUIS.

Vous parlez à un Homme assez intrépide. Je me moque de tous vos Diables,

COMEDIE.

Faites-les paroistre, je les mettray peut-eſtre bien à la raiſon.

(*La Devinereſſe paroiſt en furie, marche avec précipitation, regarde en-haut & en-bas, marmote quelques paroles, apres quoy on entend le Tonnerre & on voit de grands éclairs dans la cheminée.*)

Quelle bagatelle! je feray tonner auſſi quand il me plaira. Mais il me ſemble que j'ay vû tomber quelque choſe. Encor? Un bras & une cuiſſe?

M.me JOBIN.

Il faut voir le reſte.

LE MARQUIS.

Je le verray ſans trembler.

(*Les autres parties du Corps tombent par la cheminée.*)

M.me JOBIN.

Peut-eſtre. De plus hardis que vous ont eu peur. D'où vient ce ſilence? Vous eſtes tout interdit.

LE MARQUIS.

Je ne m'eſtois pas attendu à cette horreur. Un Corps par morceaux! Aſſaſſine-t-on icy les Gens?

Mme JOBIN.

Si vous m'en croyez, Monsieur, vous sortirez.

LE MARQUIS.

Moy, sortir?

Mme JOBIN.

Ne le cachez point. Vous voila émeu.

LE MARQUIS.

J'ay un peu d'émotion, je vous le confesse ; mais elle ne m'est causée que par le malheur de ce Misérable.

Mme JOBIN.

Puis que son malheur vous touche tant, je veux luy rendre la vie.

(Elle fait signe de la main. Le Tonnerre & les Eclairs redoublent, & pendant ce temps les parties du Corps s'aprochent, se rejoignent, le Corps se leve, marche & vient jusqu'au milieu du Theâtre.)

Vous reculez. Vous baissez les yeux. Vous vous faites une honte de me dire que vous avez peur. Je veux oublier que vous m'avez insultée, & faire finir la frayeur où je vous voy. *(Elle parle au Corps dont les parties se sont jointes.)*

Retournez au lieu d'où vous venez, &

COMEDIE.

remettez-vous dans le mesme état où vous estiez avant le commandement que je vous ay fait de paroistre.

(*Le Corps s'abysme dans le milieu du Theatre.*)

LE MARQUIS.

Où donc est tout ce que j'ay vû ? Il me semble qu'un Homme a fait quelques pas vers moy, je serois bien aise de luy parler. Qu'est-il devenu?

Mme JOBIN.

La voix vous tremble ! Vous m'aviez bien dit que vous estiez intrépide.

LE MARQUIS.

J'ay vû des choses assez extraordinaires, pour en avoir un peu de surprise ; mais pour de la peur, vous me faites tort si vous le croyez.

Mme JOBIN.

Vous avez pourtant changé de visage plus d'une fois. Que seroit-ce si je vous avois fait voir ce que vous avez tant cherché inutilement?

LE MARQUIS.

Je vous donne cent Pistoles, si vous le faites.

LA DEVINERESSE,

Mme JOBIN.

Vous en mourriez de frayeur.

LE MARQUIS.

Je ne me dédis point de cent Pistoles. Si vous pouvez me montrer le Diable, je diray que vous estes la plus habile Femme du monde.

Mme JOBIN.

Revenez demain, & faites provision de fermeté.

LE MARQUIS.

Quoy, c'est tout debon?

Mme JOBIN.

C'est tout de bon. Nous verrons si vous soûtiendrez sa veuë. Viendrez-vous?

LE MARQUIS.

Si je viendray? Oüy. Mais répondez-moy que ma vie sera en sureté.

Mme JOBIN.

Elle y sera, pourvû que la peur ne vous l'oste pas.

LE MARQUIS.

Ne puis-je amener personne avec moy?

Mme JOBIN.

Non, il faudra que vous soyez seul.

LE MARQUIS.

Adieu, Madame, vous aurez demain de mes nouvelles.

COMEDIE.

Mme JOBIN seule.

Il y pensera plus d'une fois. S'il vient, il n'est hardy qu'en paroles, & puis qu'il a déja tremblé du Corps par morceaux, le Diable que je prétens luy montrer le fera trembler bien autrement.

Fin du Troisiéme Acte.

LA DEVINERESSE,

ACTE IV.
SCENE I.

LE FINANCIER, LE MARQUIS.

LE FINANCIER.

Quoy, Monsieur le Marquis, on vous trouve icy?

LE MARQUIS.

Pourquoy vous en étonner? Vous y venez, tout le monde y vient, & j'y viens aussi.

LE FINANCIER.

Je suis trop vostre Serviteur, pour ne vous pas dire ce que je sçay. Vous venez chercher la plus grande Coquine qui soit au monde. Elle ne sçait que tromper; & si je vous avois dit tous les tours qu'elle m'a faits....

COMEDIE.

LE MARQUIS.

Comment? Et on en publie tant de merveilles!

LE FINANCIER.

Oüy, des Dupes comme je l'ay esté jusqu'à aujourd'huy ; mais m'en voila revenu, elle ne m'attrapera de sa vie. Elle est en Ville, je l'attens icy. Si vous avez la patience de demeurer, vous m'entendrez dire de belles choses.

LE MARQVIS.

Elle vous a donc fait de terribles pieces?

LE FINANCIER.

Voicy la derniere, il n'y a plus de retour. Un Financier comme moy, estoit un assez bon Oyseau à plumer; il luy fâchera de m'avoir perdu.

LE MARQVIS.

Il vous en a cousté quelques Pistoles?

LE FINANCIER.

Ne paye-t-on pas par tout le droit de Consultation? Je m'estois mis en teste de me marier, & sur quelque chose que je luy demanday un jour là-dessus, elle s'offrit à me faire voir la Personne que j'épouserois. Elle me donna heure au lendemain, & prit ce temps pour je ne sçay que．c,

Conjurations qu'elle avoit à faire.
LE MARQVIS.
Autre droit pour les Conjurations?
LE FINANCIER.
Le lendemain je ne manquay point à venir chez elle. Je luy laissay marmoter quelques paroles, apres quoy on tira un Rideau qui couvroit un grand Miroir. Je vis paroistre aussitost une grande Femme en habit modeste. Elle estoit jeune, brune, & d'une beauté qui m'éblotiit. Voila, me dit la Devineresse, la Personne que vous épouserez. Vous jugez bien que j'examinay attentivement tous ses traits. Il y avoit un grand Cabinet que la Belle ouvrit. Elle en tira cinq ou six Sacs d'écriture, & un moment apres elle disparut.
LE MARQVIS.
Quoy, vous vistes effectivement...
LE FINANCIER.
Je ne vous puis dire comment cela s'est fait; mais je ne vous dis rien que je n'aye veu. je sortis charmé de la belle Brune. Je l'avois sans cesse devant les yeux, & je la cherchay par tout pédant quinze jours. Enfin estant à l'Amphithéatre de l'Opéra, dans le temps qu'on commençoit le Pro-

logue, deux Femmes vinrent se placer auprès de moy. L'une estoit masquée, & l'autre n'avoit la mine que d'une Suivante. Cette premiere me parut si surprise de voir joüer la Comédie en chantant, que je luy demanday si elle n'avoit jamais veu d'Opéra. Elle me dit qu'elle estoit une Dame de Province, venuë depuis quatre jours à Paris pour un Procés que la mort de son Mary luy avoit laissé. Ce mot de Procés me fit songer à la belle Brune qui avoit tiré tant de Papiers de son Cabinet. C'estoit elle-mesme. Elle osta son Masque, & je vis les mesmes traits qui m'avoient frapé dans le Miroir. Je fis si bien, qu'elle me permit de la remener. Elle logeoit en Chambre garnie, où elle me dit que je serois le seul qu'elle recevroit. J'allay trouver la Jobin, transporté de joye. Je l'obligeay de conjurer ses Esprits, pour sçavoir qui estoit la Dame. On me répondit que c'estoit une Personne tres-riche, dont je gagnerois le cœur par quelques soins obligeans. Je n'épargnay rien, tant j'avois l'amour en teste. Je parlay de Mariage; on m'écouta, & la chose fut remise apres le Procés vuidé, & un Voyage que je devois faire sur les lieux avec la Dame. Cependant je ne manquois point à consulter tous les jours l'adroite Jobin; & tous les jours, par le moyen de son Esprit Familier, j'apprenois & j'allois dire à la Dame ce qu'elle pensoit de plus secret. On me demandoit si j'estois Magicien, & cela me faisoit regarder la Devineresse comme un Oracle. Ce fut par la voye de ce prétendu Esprit que je découvris qu'un peu de chagrin que la belle Brune m'avoit fait paroistre un jour, venoit du retardement d'une Lettre de change de deux cens Loüis. Rien ne couste quand on est bien amoureux. Je les laissay le soir sur la Table de la Dame dans une Bourse, avec un Billet qui faisoit connoistre que j'avois deviné son embarras. Grande surprise de me voir si grand Devineur. On trouva mes manieres fort honnestes, & la Lettre de change estant arrivée quatre jours apres, on me força de reprendre mes deux cens Loüis.

LE MARQUIS.
Dequoy donc vous plaignez-vous?

LE FINANCIER.
C'estoit une adresse pour faire grossir la somme. En effet, ayant appris il y a six

jours par le Démon ordinaire de la Jobin, qu'il ne tenoit qu'à deux mille Ecus payez comptant, que le Diférend qui faisoit plaider la Dame, ne s'accommodast à son avantage, je luy portay les deux mille Ecus. Elle fit quelques façons pour les accepter, me dit qu'elle avoit écrit à ses Receveurs, qui les envoyeroient avant qu'il fust peu, & enfin elle se laissa vaincre à mes prieres. Je ne parle point de quantité de petits Présens gracieusement receus. Je croyois trouver trente mille livres de rente avec une belle Personne. Qui auroit fait moins?

LE MARQUIS.

Je voy le dénoüment de la Piece. La Dame aura décampé.

LE FINANCIER.

Voila l'affaire. Je viens de chez elle. On m'a dit qu'elle estoit partie de fort grand matin pour la Province, & on m'en a donné ce Billet. Lisez.

LE MARQUIS lit.

Vivez aussi satisfait que je pars contente. Grace à vous, j'ay accommodé avec mes Parties, & n'ayant plus icy de Procés, je vay voir si mes Terres sont en bon état.

LA DEVINERESSE,

Je ne vous dis point ny quand je vous rendray vos deux mille Ecus, ny quand je viendray vous épouser. Qu'a-t-on à dire à un Homme qui devine tout ?

LE FINANCIER.

A un Homme qui devine tout, morbleu.

LE MARQVIS.

La Piece est forte.

LE FINANCIER.

Elle est sanglante. Jugez de la Science de la Jobin, qui asseurément avoit attitré une Friponne pour me duper. Je vay luy apprendre....

LE MARQVIS.

Ne vous hâtez point. Elle pourroit dire que ce que vous luy reprocheriez, ne seroit qu'un conte. Je viens icy pour une épreuve de Diablerie où je suis fort seûr de l'attraper, & cela joint avec la Dame Plaideuse, fera un effet admirable pour vous & pour moy.

LE FINANCIER.

Je croy que tout ce qu'elle fait voir de surnaturel, n'est qu'artifice. Mais je vous l'avoüé, j'ay veu des choses qui m'ont fait peur, & je ne sçay si....

COMEDIE.

LE MARQUIS.

J'ay quelque intrépidité là-dessus. Elle me donna hier le divertissement d'un Corps coupé par morceaux.

LE FINANCIER.

Le divertissement est beau.

LE MARQUIS.

Je fis semblant d'avoir peur, pour l'enhardir à me montrer davantage, & en feignant de détourner la veuë de dessus le Corps, j'en observois tous les mouvemens. Les parties se rejoignirent, & le Corps marcha. Le tour est adroit, & je ne le comprens pas bien. La frayeur que j'en montray, l'engagea à me promettre qu'elle me feroit voir aujourd'huy le Diable. Je feindray encor de trembler, afin qu'il avance; car j'ay remarqué un certain trou où je veux empescher qu'il ne s'abîme. Si je le puis une fois tenir au colet, il faudra qu'il chante. C'est pour cela que vous me trouvez icy. Ne paroissez point, je vous en conjure, que je n'aye fait ce que je vous dis.

LE FINANCIER.

Je me retire, puis que c'est vous obliger; mais au moins mes deux mille Ecus...

LA DEVINERESSE,
LE MARQUIS.
Ils sont fort en seûreté, vous en avez la Quittance.

SCENE II.
LE MARQUIS, LE CHEVALIER.

LE MARQUIS.
Comment, Chevalier, vous à Paris!

LE CHEVALIER.
Un Billet de la Marquise que je reçeus hier sur les deux heures par un Exprés qu'elle m'avoit envoyé, m'a fait revenir si promptement.

LE MARQUIS.
On veut qu'elle soit venuë hier consulter Mme Jobin sur vostre chapitre ; qu'elle vous y ait vû dans un Miroir baisant son Portrait.

LE CHEVALIER.
Il est vray que je baisois toûjours son Portrait dans ma solitude.

COMEDIE.

LE MARQVIS.

Qu'elle vous ait écrit dans le mesme temps pour vous ordonner de revenir; qu'un Esprit vous ait porté sa Lettre, & qu'il ait apporté vostre réponse un quart d'heure apres.

LE CHEVALIER.

Que m'apprenez vous ? Il est certain qu'a moins qu'estre Diable, on ne sçauroit avoir fait plus de diligence que moy.

LE MARQVIS.

Vous croyez donc que c'estoit un Diable?

LE CHEVALIER.

Peut-estre me faites-vous un conte pour vous divertir, mais ce qui est tres-vray, c'est que je baisois le Portrait de la Marquise un moment avant que sa Lettre me fust renduë.

LE MARQVIS.

Vous le baisiez. On vous a écrit, & vous avez fait réponse sur l'heure. Je ne sçay plus que vous dire.

LE CHEVALIER.

Je ne suis pas moins surpris que vous.

LE MARQUIS.

Mme Jobin est de vos Amies. Elle vous dira ce qui en est.

LE CHEVALIER.

Je ne sçay si c'est une chose dont je doive chercher à estre éclaircy. Mon principal interest est de sçavoir d'elle si je n'ay point à craindre quelque changement de la Marquise.

LE MARQUIS.

On m'a dit qu'elle ne tarderoit pas à revenir. Je vay vous laisser l'attendre. Comme il faut que je sois seul pour ce que j'ay à luy dire, je prendray mon heure.

LE CHEVALIER.

Si ce n'est que pour moy que vous sortez, je vous quiteray la place.

LE MARQUIS.

Non, rien ne me presse, & je seray mesme bien aise de ne luy parler pas si tost.

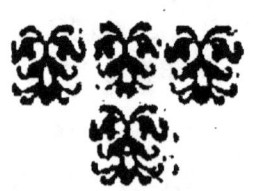

COMEDIE. 155

SCENE III.

Mme JOBIN, LE CHEVALIER.

LE CHEVALIER.

AH! Vous voila, Mme Jobin. Je vous attendois.

Mme JOBIN.

Hé bien, noſtre affaire?

LE CHEVALIER.

Elle ne peut mieux aller. Hier apres vous avoir quittée, je me fis mener en Chaiſe roulante à deux lieuës d'icy. Les Vitres eſtoient levées, j'avois le nez couvert d'un Manteau, & il eſtoit impoſſible de me connoiſtre. Le ſoir approchant, je pris la Poſte & allay mettre pied à terre à la Porte de la Marquiſe. Heureuſement, ſoit pour m'attendre, ſoit pour regarder, elle eſtoit à ſa Feneſtre. Elle m'aperçut, & je luy entendis faire un cry. Je montay en haut, & la trouvay un peu interdite. Elle ne vouloit preſque point ſouffrir que je l'aprochaſſe, tant elle avoit

peur que je ne tinsse de l'Esprit qui m'a-
voit donné sa Lettre. Mais je la rassuray
par mille choses que je luy dis. Mille
protestations d'amour suivirent, & si elle
me tient parole, il ne me reste plus que
trois jours à soupirer.

Mme JOBIN.

Elle vous épouse ?

LE CHEVALIER.

Oüy, son Portrait baisé a fait des merveilles, & elle ne peut trop payer ma
fidelité.

Mme JOBIN.

Je suis ravie que mon adresse vous ait
fait heureux.

LE CHEVALIER.

Je reconnoistray ce que vous avez fait
pour moy. Mais je puis dire que vous
avez aussi travaillé pour vous, car cela
vous met dans une réputation incroyable.
La Marquise a dit à quelqu'un ce qui
s'estoit hier passé chez vous. Ce bruit a
couru, & j'ay déja vû quatre ou cinq de
mes Amis qui m'ont demandé s'il estoit
vray que je fusse hier à vingt lieuës d'icy.

Mme JOBIN.

N'allez pas les détromper.

LE

COMEDIE.

LE CHEVALIER.

Ce seroit me perdre. Je leur jure à tous que j'estois absent, & que je pris la Poste sur une Lettre que je reçeus à deux heures. Mais adieu, je vous viendray trouver à minuit quand j'auray long-temps à vous parler, car vous avez toûjours tant de Pratiques....

Mme JOBIN.

Vous n'en devez pas estre fâché, je la dois à ce que vous avez publié de moy.

SCENE IV.

Mr GILET avec un habit de Cavalier, Mme JOBIN.

Mr GILET.

AH! Ma chere Mme Jobin, me reconnoissez-vous bien?

Mme JOBIN.

Je regarde. Comment? C'est Mr Gilet.

Mr GILET.

En Poil & en Plumes. Avec cet Hab^t voyez, ne peut-on pas devenir Mestre de Camp?

Mme JOBIN.

Et par delà mesme.

Mr GILET.

Je n'en trouvay point hier à ma fantaisie chez mon Tailleur. J'ay fait faire celuy-là exprés. Il a travaillé toute la nuit. Voyez-moy par tout. Est-ce là un air?

Mme JOBIN.

Admirable, d'un de ces Hommes de Guerre qui se sont trouvez à cinquante Assauts.

Mr GILET.

Je m'y feray voir. Franchement l'Habit fait bien le Soldat. Celuy-cy m'inspire une envie de déguaîner.... Je me donne au Diable, à l'heure qu'il est, je tuërois cent Hommes.

Mme JOBIN.

Il ne faut pas estre si Brave dés le premier jour.

Mr GILET.

J'iray loin, où il n'y aura point de Guerre. Trois ou quatre Sots qui avoient un peu de familiarité avec moy, m'ont dit impertinemment qu'il falloit que je fusse fou de m'estre fait habiller ainsi. J'ay tiré l'Epée, le petit doigt (comme vous me

COMEDIE. 159

s'avez appris) ferme. Ils m'ont regardé, se sont retirez en feignant de rire, & pas un d'eux n'a osé branler.

Mme JOBIN.

Je le croy. Ils n'y auroient pas trouvé leur compte.

Mr GILET.

L'Epée est divine. Quel tresor! Avec ce petit doigt-là, je défiërois tout un Escadron.

Mme JOBIN.

Vous en viendriez à bout; mais ne laissez-pas de vous moderer jusqu'à ce que vous soyez à l'Armée.

Mr GILET.

J'auray bien de la peine à me retenir.

SCENE V.

Mme JOBIN, Mr GILET, LE CHEVALIER.

LE CHEVALIER.

Deux mots, je vous prie, pour une chose dont j'aurois oublié de vous avertir. *Il luy parle bas.*

LA DEVINERESSE,

Mme JOBIN.
J'y prendray garde.

LE CHEVALIER.
En voyez-vous assez bien la conséquence ?

Mme JOBIN.
Il ne me faut pas tant dire.

LE CHEVALIER.
Songez y bien au moins.

Mme JOBIN.
C'est assez.

LE CHEVALIER.
S'il arrivoit par hazard....

Mr GILET *au Chevalier.*
Pourquoy importuner Mme Jobin, quand elle vous dit que c'est assez ?

LE CHEVALIER.
Je vous trouve bon de le demander.

Mr GILET *tirant l'Epée.*
Ah ! Vous faites l'entendu.

Mme JOBIN.
Eh ! Monsieur Gilet.

Mr GILET.
Non, point de quartier, il faut que je l'estropie.

LE CHEVALIER.
Comment, venir sur moy l'Epée à la main ? *Il le pousse.*

COMEDIE. 11

Mr GILET. *Il laisse choir son Epée.*

Vous poussez trop fort. Diable, attendez.

LE CHEVALIER *ramassant l'Epée de Mr Gilet.*

Il ne faut pas faire l'insolent quand on ne sçait pas mieux se batre que vous.

Mr GILET *bas.*

Est-ce que j'ay mis mon petit doigt de travers?

LE CHEVALIER *à Mme Jobin.*

Il est heureux d'estre icy, je le traiterois ailleurs comme il le merite, mais je ne veux pas vous faire de bruit. Voilà son Epée.

Mme JOBIN.

Vous m'obligez fort d'en user ainsi.

SSSSSSSS:S S S:S SS:SSS:S

SCENE VI.

Mme JOBIN, Mr GILET.

Mme JOBIN.

Vous ne sçauriez estre sage, Mr Gilet.

Mr GILET.

J'ay vû l'heure que j'allois estre froté.

O iij.

Je ne sçay comment cela s'est fait, car j'a-
puyois du petit doigt sous la Garde, d'une
fermeté....

Mme JOBIN.

Ne voyïez-vous pas que je vous faisois
signe de reculer ? Il n'avoit garde qu'il ne
vous batist.

Mr GILET.

Pourquoy?

Mme JOBIN.

C'est que je luy ay donné une Epée enchantée aussi bien qu'à vous. Il y a trois
mois qu'il a la sienne, & les premiers qui
en ont battent les autres.

Mr GILET.

Je sçavois bien que je ne m'estois pas
trompé à mon petit doigt. Peste! Il al-
longeoit à coup seur, & si j'eusse fait le
sot, j'en avois au travers du corps.

Mme JOBIN.

Vous voyez bien qu'il ne faut pas vous
jouer à tout le monde.

Mr GILET.

A présent que me voila averty, je garderay tout mon courage pour l'Armée. Je
pars demain, droit en Allemagne.

COMÉDIE.

Mme JOBIN.

Vous ferez tres-bien. Quand les Entremis auroient quelques Epées enchantées, il n'y en a point qui vaillent les miennes.

Mr GILET.

Adieu, Mme Jobin, jusqu'à ce que vous me voyïez Mestre de Camp.

§§§§ §§§§ §§§ §§§ §§§

SCENE VII.

Mme JOBIN, Mlle DU VERDIER.

Mlle DU VERDIER.

CE Cavalier m'a fait grand plaisir de vous quitter, car je n'ay qu'un moment à demeurer avec vous.

Mme JOBIN.

Hé bien, nostre Urne?

Mlle DU VERDIER.

Je viens vous en rendre compte. J'ay ry tout mon saoul d'avoir vû trembler. L'Esprit a fait des merveilles, & Madame ne doute point à présent que vous ne commandiez à tous les Démons.

Mme JOBIN.

Qu'il faut peu de chose pour duper les Gens!

Mlle DU VERDIER.

D'abord que nous sommes entrées dans la Chambre pour nous coucher, nous avons fermé la Porte en dedans & Madame en a mis la Clef sous son Chevet. Nous avons cherché par tout s'il n'y avoit personne caché, & après avoir visité jusqu'au moindre coin, elle m'a fait la deshabiller. C'est alors que la peur a commencé à nous prendre toutes deux. La sienne estoit double. Elle n'apréhendoit pas seulement la vision des Démons qui devoient venir la nuit dans sa Chambre, elle craignoit que l'Urne ne se cassast pas. Elle ne s'expliquoit pourtant que legerement sur cette derniere crainte, pour ne pas marquer trop d'empressement de voir mourir son Mary. Pour moy je tremblois de manquer mon coup, & cette appréhension me rendoit si interdite, qu'elle n'avoit garde de s'imaginer que j'avois entrepris de faire l'Esprit. Enfin elle se coucha, & voulut que je m'allasse coucher aupres d'elle. Cette nouveauté m'embarassa ; car j'avois accoûtumé de passer la nuit dans un petit Lit dressé tous les soirs aupres du sien. Je n'osay pourtant luy resister. La question fut si nous laisserions de la lumiere. La lumiere nous asseuroit en quelque façon, mais nous nous disions en mesme temps que nous mourrions de frayeur en voyant l'Esprit, & que ce seroit bien assez pour nous de l'entendre. Il fut résolu que je l'éteindrois quand je me serois deshabillée. Ma peur cessa par cet ordre. Je fis un nœud coulant à la corde que je tenois preste, & je la passay autour de l'Urne en venant me mettre au Lit. Rien n'est plus plaisant que la maniere dont nous passâmes deux heures, car je crus que pour l'honneur de l'Esprit il falloit le faire attendre. Au moindre bruit que Madame croyoit avoir entendu, nous voila perduës, me disoit-elle tout bas. Je ne répondois qu'en m'approchant d'elle comme à demy morte ; & enfin la voyant tournée de l'autre costé, je tiray la corde. L'Urne tôba, & le bruit de cette chute luy fit faire un cry que j'accompagnay d'un long, *je suis morte.* Elle s'enfonça en même temps dans le Lit. J'en fis autant qu'elle, & aprés une demie heure de palpitations sans nous rien dire, elle me pria d'aller voir en quel état estoit l'Urne. Je fus long-temps sans le vouloir faire, & n'y consentis avec un tremblement admirable, qu'à la charge qu'elle me tiendroit d'une main du bord de son Lit. L'Urne estoit entiere. Elle estoit tombée sur des Carreaux, & de là sur le Tapis de l'Alcove; mais pour le Couvercle, comme il estoit tombé de plus haut, il estoit en deux. Hé bien, me demanda-t-elle avec précipitation, nostre Urne est-elle cassée? Non, luy répondis-je. Tant-pis, repartit-elle fort tristement. Mais, Madame, ajoûtay-je, le Couvercle en est cassé. Nous sçaurons tantost ce que cela veut dire, me repliqua-t-elle. Voila ce qui est arrivé de l'Urne. Elle viendra vous trouver ce soir, voyez ce que vous aurez à luy dire.

Mme JOBIN.

Comme il s'agit d'en estre payée, je luy diray que son Mary sera blessé à la teste, & qu'il en mourra.

Mlle DU VERDIER.

Ne craignez rien pour l'argent. Elle

COMEDIE.

vous tiendra parole. L'affaire de l'Urne l'a si fort persuadée que vous faites venir des Esprits quand il vous plaist, qu'elle en croiroit voir une douzaine toutes les nuits, si elle vous donnoit sujet de vous plaindre. Des Esprits quand il faut faire payer une debte, sont encor plus Diables que des Sergens.

M.me JOBIN.

C'est en quoy le Mestier dont je me mesle est admirable.

M.lle DU VERDIER.

Adieu, je me suis dérobée pour venir icy. Ce soir, le reste.

SCENE VIII.

M.me JOBIN, M.r GOSSELIN.

M.me JOBIN.

Maturine.

M.r GOSSELIN.

Elle estoit là-bas quand je suis monté.

M.me JOBIN.

Ah ! C'est vous, mon Frere.

LA DEVINERESSE,

Mr GOSSELIN.

Je viens de parler à mon Procureur, il dit que dans trois ou quatre jours il sera temps de solliciter.

Mme JOBIN.

Je vous promets de vous trouver des Amis. Vous ne ferez plus scrupule de recevoir du secours d'une Sœur Sorciere?

Mr GOSSELIN.

Ne sçavez-vous pas que je suis devenu moy-mesme Sorcier? J'aiday hier à faire remuer le Corps qui effraya tant vostre Marquis.

Mme JOBIN.

Il faisoit le Brave, & eut grande peur; je vois tous les jours de ces Braves-là. Ils parlent bien haut quand il ne faut que parler, mais la moindre vision les épouvante.

Mr GOSSELIN.

Il veut pourtant voir le Diable. Croyez-vous qu'il vienne?

Mme JOBIN.

Il aura repris du courage depuis hier.

Mr GOSSELIN.

Apres l'avoir vû trembler comme il a fait, je le divertirois bien s'il avoit affaire à moy.

Mme

Mme JOBIN.

Hé bien, faites le Diable pour luy, je m'en fieray plus volontiers à vous qu'à personne.

Mr GOSSELIN.

Comment, le Diable?

Mme JOBIN.

Vous avez la taille merveilleuse pour cela. Un Diable Ragot ne fait pas la moitié de l'impreſſion que vous ferez. Demeurez toûjours icy. Vous gagnerez plus avec moy qu'à eſtre Procureur Fiſcal.

Mr GOSSELIN.

Quitter ma Charge de Procureur Fiſcal pour faire le Diable?

Mme JOBIN.

Allez, ce n'eſt peut-eſtre pas trop changer d'état.

Mr GOSSELIN.

Vous m'inſtruirez quand vous ſerez ſeule. Je ne ſeray point fâché de me réjoüir de voſtre Marquis.

SCENE IX.

Mme JOBIN, LA GIRAUDIERE.

Mme JOBIN.

Monsieur de la Giraudiere, me venir voir encor aujourd'huy?

LA GIRAUDIERE.

Mme Jobin, je suis converty. Mes Pistolets retrouvez m'ont fait croire tout ce que je ne croyois point de vous, & l'on ne me sçauroit faire plus de plaisir que de m'en dire du bien.

Mme JOBIN.

Voila un grand changement.

LA GIRAUDIERE.

Comment Diable! J'apprens tous les jours des choses qui me font voir que vous estes la plus habile de toutes les Femmes. Vous vistes hier une Languedocienne?

Mme JOBIN.

Oüy, qui croyoit me duper par une Histoire d'enlevement.

COMEDIE.

LA GIRAUDIERE.

Rien n'est plus surnaturel que d'avoir découvert la tromperie. Avez-vous sçû qui c'estoit?

Mme JOBIN.

L'Esprit que j'allay consulter sur sa fausse Histoire, me l'auroit appris si j'eusse voulu ; mais que m'importoit de le sçavoir ?

LA GIRAUDIERE.

C'estoit la Comtesse d'Astragon.

Mme JOBIN.

Quoy? Je luy dis les choses comme son Amie, & elle se défie de moy?

LA GIRAUDIERE.

Elle est bien éloignée de s'en défier, mais un peu de complaisance pour son Amant....

Mme JOBIN.

Qu'elle l'épouse, je ne luy en parleray jamais. Je sçay pourtant bien ce qui en arrivera.

LA GIRAUDIERE.

Elle est resoluë à n'en rien faire; & pour vous le témoigner, je dois tantost l'aller prendre pour l'accompagner icy.

Mme JOBIN.

Qu'a-t-elle à y faire?

LA GIRAUDIERE.

Elle veut vous demander un Secret pour oublier le Marquis.

Mme JOBIN.

Si elle vient pour cela, je n'ay rien à dire. Il faut la servir.

LA GIRAUDIERE.

Il m'a raillé sur mes Pistolets, j'auray une joye qu'on le puisse chagriner.... Mais ma chere Mme Jobin, à présent que me voila convaincu de ce que vous sçavez, j'ay aussi quelque chose à vous demander pour moy.

Mme JOBIN.

Qu'y a-t-il ?

LA GIRAUDIERE.

Je suis un bon gros Garçon qui aime la joye. Rien n'y est si contraire que l'attachement, & ce que je voudrois, c'est que vous me donnassiez un Secret pour estre aimé de toutes les Femmes que je trouverois aimables. Naturellement, je suis le plus inconstant de tous les Hommes. Ne m'en blâmez point, c'est le moyen de n'avoir jamais à soûpirer. A le bien prendre, y a-t-il une vie plus misérable que celle d'un Amant constant ? Pour bien connoistre

COMEDIE.

l'amour, il faut aimer tout, les belles & les agréables, les grandes & les petites, les grasses & les maigres, les brunes & les blondes, les enjoüées & les tristes ; elles ont toutes quelque chose de different dans leurs manieres d'aimer, & c'est cette difference qui empesche qu'on ne s'ennuye en aimant.

Mme JOBIN.
Vous estes d'assez bon goust.

LA GIRAUDIERE.
J'ay la pratique, & connois les Femmes. Il en est qui n'aiment point par fierté, ne voulant pas qu'aucun Homme au monde puisse dire qu'il ait de l'avantage sur elles. Il y en a d'insensibles par nature. Il y en a que rien ne peut faire changer, quand elles ont une fois donné leur cœur. D'autres ont des aversions naturelles pour l'Amant ou pour l'Amour ; & comme la gloire de se faire aimer de toutes ces sortes de Femmes est d'autant plus grande que la chose paroist impossible, c'est pour cela que je vous demande un Secret.

Mme JOBIN.
Je ne veux pas vous dire que je n'en ay point ; mais comme je ne puis luy donner

une entiere force sans conjurer les Esprits les plus difficiles à gagner, cela ne se fait pas tout en un jour, & vous ne vous appercevrez peut-estre de plus de six mois que j'aye obtenu pour vous ce que vous m'engagez à demander.

LA GIRAUDIERE.

Mais dans six mois m'assurez-vous que je me feray aimer de toutes les Femmes qui me plairont?

Mme JOBIN.

Je vous en assure, & mesme dés aujourd'huy je pourrois vous faire voir quelques-unes de celles dont vous voudrez estre aimé.

LA GIRAUDIERE.

Et je vous en prie.

Mme JOBIN.

Ce qui m'embarasse, c'est que les Esprits qu'il faut que j'employe sont commis à la garde d'un Trésor, où ils voudront peut-estre que vous mettiez quelque grande somme.

LA GIRAUDIERE.

Si soixante ou quatre-vingts Loüis que j'ay dans ma bourse les accommodent, ils sont à eux.

COMEDIE.

Mme JOBIN.

S'ils n'y songent point, à la bonne heure. Je voudrois ne vous faire rien coûter.

LA GIRAUDIERE.

Vous vous moquez, j'ay du bien, & on me voit faire une assez belle dépense pour mes plaisirs. Travaillez pour moy, je n'auray point regret à ma Bourse.

Mme JOBIN.

Vous verrez des choses qui vous surprendront ; mais comme elles ne seront pas tout-à-fait terribles, je croy que vous aurez le cœur assez ferme.

LA GIRAUDIERE.

C'est mon affaire ; si je m'effraye, tant pis pour moy.

Mme JOBIN.

Demeurez icy. J'entre là-dedans pour faire une premiere conjuration, où je ne reçois jamais personne. Je reviens dans un moment.

LA GIRAUDIERE seul.

Apres avoir traitté si long-temps de Dupes, tous ceux qui voyoient Mme Jobin, me rendrois-je bien moy-mesme sa Dupe ? L'argent demandé pour ses Diables du Trésor, me fait craindre quelque tour d'adreſſé. Il faut voir, ne fuſt-ce que par curioſité. Mes Piſtolets, & la fauſſe Languedocienne découverte, ſont des choſes qui doivent me perſuader. J'ay de bons yeux quitte à ne me vanter de rien, ſi elle me trompe.

Mme JOBIN.

J'ay fait l'Invocation la plus neceſſaire, & l'obſcurité va regner icy.

Vne nuit paroiſt.

LA GIRAUDIERE.

Qu'eſt-ce cy?

Mme JOBIN.

Vous avez peur?

LA GIRAUDIERE.

Point du tout. Mais je ne ſerois pas fâché de voir clair.

Mme JOBIN.

Voicy la Lune. Comme elle nous preſte ſa clarté pour tous nos miſteres, il faut qu'elle la continuë icy, pendant que je vay conjurer l'Enfer de faire paroiſtre le Bouc.

LA GIRAUDIERE *voyant paroiſtre une Figure de Bouc.*

Je ſçay qu'il eſt en veneration parmy vous.

COMEDIE.

Mme JOBIN.

C'est assez qu'il ait paru. Vous allez voir cinq ou six du nombre des Belles qui vous aimeront.

(Elle prononce un mot inconnu, & il passe une Figure de Caprice.

Ce n'est pas-là ce que je demande.

(Vn Demon paroist avec une Bourse ouverte)

Vous voyez pourquoy ils se font prier; Je voulois vous épargner vostre argent, mais....

LA GIRAUDIERE.

Cette Bourse ouverte est un langage significatif. Vous sçavez que je leur avois destiné la mienne. La voila.

Mme JOBIN.

Donnez, ils ne la prendroient pas de vostre main.

(Vne autre Figure paroist icy ayant une Epée à ses pieds.)

Par l'Epée que celuy-cy vous montre sous ses pieds, il vous avertit d'oster la vostre. J'avois oublié de vous dire qu'on ne paroist jamais devant eux l'Epée au costé.

LA GIRAUDIERE.

Oster mon Epée? Ce genre de respect est assez nouveau.

Mme JOBIN.

Donnez-la moy, je vous en rendray bon compte.

LA GIRAUDIERE.

Volontiers ; aussi bien elle me seroit assez inutile contre des Esprits. Sont-ils contens?

Mme JOBIN.

Oüy, & vous allez voir quélques Maîtresses que vous aurez. Les Figures qui les suivront vous en feront si clairement connoistre l'humeur, que je n'auray rien à vous en dire. Regardez.

(Plusieurs Figures de Femmes paroissent icy l'une apres l'autre,

LA GIRAUDIERE.

Voila une belle Femme & qui ne manque pas d'embonpoint. Il n'y a pas lieu de s'en étonner, la Table qui vient apres elle est bien garnie. Cela marque que la bonne chere ne luy déplaist pas. Tant mieux, nous ferons de bons repas ensemble. Cette autre assez belle, quoy qu'un peu maigre, ne se trouveroit pas mal de ce que la premiere a de trop. Elle doit estre d'un tempérament colere. Ce Lyon le marque.

Mme JOBIN.

Je vous avois bien dit que vous pourriez vous instruire par vous-mesme.

COMEDIE.

LA GIRAUDIERE.

Que je suis charmé de cette Brune ! Je pense que je seray un peu moins inconstant pour elle que pour les autres. L'Amour qui la suit fait voir qu'elle sçaura bien aimer. C'est l'ordinaire des Brunes, elles aiment presque toûjours fortement. En voicy une que je croy délicieuse. Elle est toute jeune. Les Fleurs luy plaisent. Il faudra luy envoyer des Bouquets. Que d'Instrumens ! Je voy bien que la Musique est son Charme. Tant mieux, j'aime l'Opera ; nous irons souvent ensemble.

Mme JOBIN.

Et cette Blonde ? Qu'en dites-vous ?

LA GIRAUDIERE.

Elle est d'une beauté surprenante. Que j'auray de joye de m'en voir aimé ! Mais ce ne sera pas pour long-temps ; ce Moulin à vent me la peint legere.

Mme JOBIN.

Ce Caractere vous fait-il peur ?

LA GIRAUDIERE.

Pas tout-à-fait. Rien n'est fâcheux à un Inconstant.

Mme JOBIN.

Mon génie qui paroist, m'avertit qu'il

n'y a plus rien à sçavoir pour moy d'aujourd'huy. Voila vostre Epée que ie vous rends.

LA GIRAUDIERE.

J'ay vû d'agréables Apparitions, car je ne croy pas que vous prétendiez me faire passer cela pour autre chose.

Mme JOBIN.

Estes-vous content?

LA GIRAUDIERE.

Je suis tout plein de ce qui a passé devant moy. Adieu, ie vay dire encor merveilles de vous à nostre Comtesse. Je vous l'amene tantost.

Mme JOBIN *seule*.

La Dame jalouse n'a qu'à me compter ses trois cens Loüis Tout me favorise dans ce que j'ay entrepris pour elle. Le Marquis épouvanté, la Comtesse resoluë à l'oublier, & la Giraudiere entesté de mon Sçavoir ! Qui en auroit tant esperé tout à la fois ? Je suis fort trompée si le Marquis a l'assurance de revenir. Mais n'importe. Ne laissons pas de tenir le Diable tout prest.

Fin du Quatriéme Acte.

COMEDIE

ACTE V.
SCENE I.
Mme JOBIN, DU CLOS.

Mme JOBIN.

Uis que la Dame n'attend que vous pour venir icy, vous n'avez qu'à luy aller dire que je suis seule. Si quelqu'un me vient trouver pendant ce temps-là, vous le ferez attendre un moment dans cette autre Chambre. Rien ne manquera. Maturine est avertie de ce qu'il faut faire, & tout ira comme il faut.

DU CLOS.

Vous serez payée largement. C'est une femme qui s'effraye de rien, & qui croira ce que nous voudrons dés la moindre chose qui l'étonnera.

Q.

Mme JOBIN.

Allez donc viste, & me l'amenez. Le Marquis, tout tremblant qu'il a esté du Corps par morceaux, pourroit revenir, & s'il revenoit, je serois bien aise de vous avoir.

DU CLOS.

N'avez-vous pas un Diable tout prest?

Mme JOBIN.

D'accord, mais il n'en sera que mieux que vous ayez l'œil à tout. Ce que je trouve plaisant, c'est que nostre Procureur Fiscal qui crioit si haut d'avoir une Sœur Sorciere, prend goust à nostre Magie, & semble ne demander pas mieux que de devenir luy-mesme Sorcier.

DU CLOS.

Mais ne hazardez-vous rien à vouloir pousser le Marquis à bout? Il a interest à détromper la Comtesse, & cet interest le peut rendre plus hardy qu'un autre.

Mme JOBIN.

Je l'ay éprouvé. Il s'agit de cent Pistoles qu'il doit me donner, & cent Pistoles ne se gagnent pas tous les jours. La peur le prit hier, & le prendra encor aujourd'huy; mais quand il s'aviseroit de faire le Brave, nous ne risquons rien

Noſtre Diable eſt un des plus grands qu'on eûſt pû choiſir, & ſi le Marquis veut mettre l'Epée à la main, il ſe jettera ſur luy, & n'aura pas de peine à le deſarmer.

DU CLOS.

Faites-luy oſter l'Epée avant que le Diable ſe montre à luy.

Mme JOBIN.

C'eſt une précaution que j'ay euë pour les Eſprits qui ont éblouy la Giraudiere; mais ſi je l'avois avec le Marquis, je craindrois de luy donner du ſoupçon & de l'enhardir. Mais mettons la choſe au pis. Quand noſtre Diable ſeroit découvert, qu'arriveroit-il ? Le Marquis auroit beau le publier, je nierois tout ce qu'il diroit contre moy, & je ſuis fort aſſurée que la Comteſſe me croiroit plûtoſt que luy.

DU CLOS.

Cela eſt certain, ou bien il faudroit qu'elle euſt vû elle-meſme la tromperie. Mais je vois entrer une aſſez plaiſante Figure d'Homme. Parlez-luy tandis que je vous amene la Dame.

SCENE II.

M' DE TROUFIGNAC, Mme JOBIN.

Mme JOBIN.

Que demandez-vous, Monsieur?

M' DE TROUFIGNAC.

Madame Jobin.

Mme JOBIN.

C'est moy qui suis Mme Jobin.

M' DE TROUFIGNAC.

Je viens à vous bien déconforté.

Mme JOBIN.

Je remedie à bien des malheurs.

M' DE TROUFIGNAC.

On me l'a dit. Voyez-vous, je suis Noble de bien des Races dans le Perigord; mais c'est que je me suis marié depuis un an. J'avois pris pour tien la Fille d'un vieux Procureur du Bourg qui est bien gétille, afin qu'elle fist tout comme je l'entendrois, & quand ç'a esté fait, elle m'a dit qu'elle ne m'avoit pris que pour faire bonne chere,

COMEDIE. 185

& se divertir. Elle va à la Chasse, & tire un Fusil des plus hardiment.

Mme JOBIN.

Il n'y a pas de mal à cela.

Mr DE TROUFIGNAC.

Non, mais elle a esté à la Chasse de quelques Pistoles que j'avois eu bien de la peine à amasser, & elle m'en a emporté un bon sac tout plein. J'ay fait aller apres elle. On l'avoit veuë sur le chemin de Paris habillée en Homme. J'y suis venu, & je la vis dans les ruës il y a deux jours avec un Juste-au-corps & des Plumes. Je mis viste ma Casaque sur mon nez, afin qu'elle ne me vist pas. Je la voulois suivre, mais il vint tant de Carrosses à la traverse, que je ne la vis plus.

Mme JOBIN.

Vous l'eussiez arrestée sans les Carrosses?

Mr DE TROUFIGNAC.

Je n'eusse eu garde. Elle eust mis l'Epée à la main tout comme un Homme.

Mme JOBIN.

C'est à dire que vous craignez d'en estre batu?

Mr DE TROUFIGNAC.

Non pas, mais je voudrois bien que

les choses se fissent avec douceur. Or ne pourriez-vous pas bien la faire venir chez vous par quelque Charme, & luy en donner un autre apres cela, afin qu'elle pust m'aimer?

Mme JOBIN.

Pour la faire venir chez moy, quand elle seroit mesme dans le fond du Perigord, je le feray tres-facilement. Mais il faut bien de la cérémonie à changer le cœur des Femmes, & j'ay besoin de temps pour cela.

Mr DE TROUFIGNAC.

J'auray patience.

Mme JOBIN.

Puis que cela est, donnez-moy sept piéces d'Or pour les offrir à l'Esprit qui m'amenera vostre Femme.

Mr DE TROUFIGNAC.

Sept piéces! Ne seroit-ce point assez de quatre?

Mme JOBIN.

Est-ce que vous ne sçavez pas que le nombre de sept est mistérieux?

Mr DE TROUFIGNAC.

Je n'y pensois pas. Faites donc bien, voila les sept piéces.

COMEDIE.

Mme JOBIN.

Pour montrer que vous confentez au Charme, foufflez trois fois là-deffus. Plus fort. Encor plus fort. Revenez dans quatre jours. Je vous diray en quel état feront vos affaires, & quand j'auray fait venir voftre Femme, je luy feray avaler d'un certain breuvage....

Mr DE TROUFIGNAC.

Faites-luy en avaler en quantité, j'en ay bon befoin.

Mme JOBIN.

Je connoiftray ce qu'il luy en faut. *feule.* C'eft autant de pris. Quand il reviendra, j'inventeray quelque conte qui l'obligera peut-eftre à ouvrir encor fa Bourfe. Combien de fots me rendent fçavante en dépit de moy!

Mr DE TROUFIGNAC *revenant.*

Ah Madame!

Mme JOBIN.

Qu'eft ce?

Mr DE TROUFIGNAC.

Que vous eftes habile! Le Charme que vous venez de faire a operé. J'ay apperçeu ma Femme là-bas, qui parle à voftre Servante.

Mme JOBIN.

J'estois bien certaine qu'elle viendroit; mais il ne faut pas vous laisser voir, cela détruiroit le Charme.

Mr DE TROUFIGNAC.

Je serois bien fâché qu'elle m'eust vû.

Mme JOBIN.

Hola. Conduisez Monsieur, & le faites sortir par la porte de derriere. *seule.* Le hazard fait des merveilles pour moy. S'il continuë à me favoriser autant qu'il fait depuis quelque temps, je n'auray plus besoin d'Espions.

SCENE III.

Mme DE TROUFIGNAC, Mme JOBIN.

Mme DE TROUFIGNAC.

DE la maniere qu'on m'a dépeint Mme Jobin, ce doit estre elle que je trouve icy.

Mme JOBIN.

Vous la voyez elle-mesme.

COMEDIE.

Mme DE TROUFIGNAC.

J'ay de grandes choses à vous demander.

Mme JOBIN.

Que refuse-t-on a un aussi beau Cavalier que vous?

Mme DE TROUFIGNAC.

Je ne sçay si vous prétendez railler ; mais de vous à moy, j'ay quelques bonnes fortunes, & de la nature de celles dont beaucoup de gens se tiendroient heureux.

Mme JOBIN.

Je ne doute pas que vous n'en sçachiez profiter.

Mme DE TROUFIGNAC.

J'en profite ; mais ce n'est pas tout-à-fait comme je voudrois. Il y a un petit obstacle, & je viens voir si vous le pourrez lever.

Mme JOBIN.

Ce que vous me dites est bien general.

Mme DE TROUFIGNAC.

Voicy le particulier. Je voy les Belles; il n'y a rien en cela de surprenant à mon âge. Entre quatre ou cinq dont je ne suis pas hay, il y en a une, maîtresse d'elle, & riche, dit-on, de cent mille Ecus.

Mme JOBIN.

J'entens. Vous auriez besoin d'un Charme pour la faire consentir à vous épouser.

Mme DE TROUFIGNAC.

Elle ne demanderoit peut-estre pas mieux non plus que moy. Elle est belle, a de l'esprit, & nous paroissons assez le fait l'un de l'autre ; mais....

Mme JOBIN.

He bien ?

Mme DE TROUFIGNAC.

C'est-là le Diable. Si vous devinez ce mais, je croiray que ce que je voudrois qui fust fait pour moy, n'est pas impossible. Voila ma main.

Mme JOBIN.

Les connoissances qu'on a par-là sont trop imparfaites. J'apprendray plus en faisant vostre Figure. Il faut me dire en quel jour vous estes né.

Mme DE TROUFIGNAC.

Le quinziéme de Novembre.

Mme JOBIN *feignant de tracer des Figures sur ses Tabletes,*

La premiere lettre de vostre nom ?

Mme DE TROUFIGNAC.

Un C.

COMEDIE.

Mme JOBIN.

De vostre sur-nom?

Mme DE TROUFIGNAC.

Une S.

Mme JOBIN.

Mon beau Cavalier, de quelque Belle que vous soyez amoureux, venez a moy, il n'y a point de faveurs que je ne vous en fasse obtenir.

Mme DE TROUFIGNAC.

Et par quel secret?

Mme JOBIN.

Les cent mille Ecus ne sont point pour vous, vous estes Femme.

Mme DE TROUFIGNAC.

J'aime assez cela. Parce que je n'ay encor que du poil folet, je suis Femme. En est-ce là l'air ? Voyez ce Chapeau, cette maniere de tirer l'Epée.

Mme JOBIN.

Vous avez la meilleure grace du monde à tout cela ; mais vous estes Femme.

Mme DE TROUFIGNAC.

Vostre Figure n'a pas bien esté.

Mme JOBIN *continuant à tracer quelque Figure sur ses Tableres.*

Je vous en diray davantage en l'achavant. Vous estes mariée depuis un an. L'Homme que vous avez épousé est fort Campagnard. Vous ne l'aimez point, quoy qu'il vous ait prise pour rien. Il ne sçait ce que vous estes devenuë, & vous luy avez emporté tout ce que vous avez pû d'argent.

Mme DE TROUFIGNAC.

Voila ce qu'il faut que le Diable vous ait revelé ; car sans nulle exception, personne ne sçait rien icy de mes affaires. Je loge chez une bonne Dame qui me fait passer pour son Neveu. Je luy ay seulement découvert que j'estois Fille ; mais tout le reste luy est inconnu.

Mme JOBIN.

Estes-vous content sur vostre mais?

Mme DE TROUFIGNAC.

Je tombe des nuës, je vous le confesse. Je ne m'étonne plus si tant de Gens vous mettent si haut. Ils me vont avoir de leur party. Que de merveilles je diray de vous!

Mme JOBIN.

Je fais des choses qui meritent un peu plus d'étonnement que de vous avoir dit des bagatelles.

Mme

COMEDIE.

Mme DE TROUFIGNAC.

Je croy que vous pouvez tout, Mme Jobin, faites-moy Homme.

Mme JOBIN.

Que je vous fasse Homme?

Mme DE TROUFIGNAC.

Vous en viendrez à bout, si vous le voulez. Je vous payeray bien.

Mme JOBIN.

Les cent mille Ecus vous touchent le cœur?

Mme DE TROUFIGNAC.

Je hay mon mal basty de Mary, & si j'estois Homme, j'en serois défaite. D'un autre costé il me semble que je ne ferois point mal mes affaires auprés des Belles. Je ne sçay si cet Habit me rend plus hardie à leur en conter, mais elles m'écoutent avec assez de plaisir, & j'enrage de me voir tous les jours en si beau chemin pour demeurer court. La condition des Femmes est trop malheureuse. La Cape & l'Epée, & faites-moy Homme. Aussi bien je n'ay pas envie d'en quitter l'Habit.

Mme JOBIN.

Je vous écoute pour rire avec vous, car vous estes trop éclairée pour me parler serieusement.

R

194 LA DEVINERESSE,
Mme DE TROUFIGNAC.

C'est de mon plus grand serieux, & je vous jure que de tout mon cœur je voudrois devenir Homme.

Mme JOBIN.

Je n'en doute pas. Il y en a bien d'autres qui le voudroient comme vous. Que je serois riche avec un pareil Secret !

Mme DE TROUFIGNAC.

Puis que vous avez découvert ce qui n'est icy à la connoissance de qui que ce soit, rien ne vous sçauroit estre impossible. Je suis enchantée de vostre Science.

Mme JOBIN.

Quand vous voudrez l'employer pour appaiser la colere de vostre Mary....

Mme DE TROUFIGNAC.

Il enrage plus d'avoir perdu ses Pistoles que sa Femme.

Mme JOBIN.

Ecoutez. Vous n'avez point de meilleur party à prendre que de vous remettre bien avec luy. Ferez-vous toûjours la Libertine ! Si vous luy voulez donner plus de satisfaction que vous n'avez fait, j'ay une Poudre qui le rendra plus amoureux de vous que jamais.

Mme DE TROUFIGNAC.

Je ne manque point encor d'argent. Quand cela sera, nous en parlerons. Jusques-là je me serviray des Privileges de cet Habit, il me fait mener la vie du monde la plus agréable, & je n'y renonceray qu'à l'extrémité. Adieu, Mme Jobin, je ne vous donne rien aujourd'huy, nous nous reverrons plus d'une fois.

Mme JOBIN.

Adieu mon beau Cavalier. Prenez garde à ne vous point trop risquer avec les Belles. Il y a des pas dangereux pour vous.

Mme DE TROUFIGNAC.

On se tire de tout quand on n'est point beste.

Mme JOBIN seule.

Voila une des plus plaisantes rencontres que j'aye encor euë depuis que je me mesle de deviner. Le Mary & la Femme dans le mesme temps!

SCENE IV.

DU CLOS, Mme DE CLERIMONT, Mme JOBIN.

DU CLOS.

Entrez, Madame.

Mme DE CLERIMONT.

Non, je ne veux point entrer, & je me repens bien d'estre venuë jusques icy. Ah! Ah!

DU CLOS.

Qu'avez-vous?

Mme DE CLERIMONT.

J'ay crû voir un Démon tout noir derniere moy, & c'estoit l'ombre de ce Gentilhomme qui descend.

DU CLOS.

Remettez-vous. Voila Mme Jobin.

Mme DE CLERIMONT.

Ah! Ah! Eh, Monsieur, priez-là de n'approcher pas si pres de moy.

COMEDIE.

DU CLOS.

Je me metttray entre vous & elle. Qu'avez-vous à craindre?

Mme DE CLERIMONT.

Ses regards m'effrayent. Qu'ils sont horribles!

DU CLOS.

C'est une imagination. Elle les a tournez comme une autre. *à Me Iobin.* J'ay dit à Madame que j'estois de vos Amis, & que je vous prierois d'employer toute vostre Science pour luy apprendre ce qu'elle veut sçavoir de vous.

Mme JOBIN.

Quand vous ne l'ameneriez pas, son merite m'obligeroit à n'épargner rien pour la satisfaire.

Mme DE CLERIMONT.

Voila qui est bien honneste.

DU CLOS *à Me Iobin.*

De vostre mieux pour elle, je vous en conjure. C'est une Femme intrépide, & qui n'aura point de peur, quoy que vous luy fassiez voir de surprenant.

Mme DE CLERIMON *bas.*

Que dites-vous, Monsieur?

R iij

DU CLOS.

Je dis que vous soutiendrez la veuë des choses les plus effroyables. Ne montrez pas de crainte. Vous seriez perduë.

Mme JOBIN.

Je voy bien. Madame a l'air d'une Femme fort asseurée.

Mme DE CLERIMONT.

Il est vray. Je n'ay jamais peur de rien. *bas à du Clos.* Comme elle devine tout, elle sçaura que je ne dis pas vray.

DU CLOS.

Elle ne devine que les choses qu'on luy demande.

Mme JOBIN.

Il faut, Madame, que vous me disiez vous-mesme ce que vous souhaitez de moy. N'ayez point de honte, je sçay les Secrets de bien d'autres.

Mme DE CLERIMONT.

J'aime. Ah!

Mme JOBIN.

Voila bien dequoy. Et qui est-ce qui n'aime pas? Si vous sçaviez comme moy combien de Gens sont attaquez de ce mal, vous seriez bien étonnée.

COMEDIE.

Mme DE CLERIMONT.

J'ay crû long-temps qu'on m'aimoit, mais depuis un mois j'ay quelque soupçon qu'on me sacrifie à une Rivale. On prend toutes les précautions imaginables pour m'empescher de le découvrir, & pour me persuader qu'on m'aime toûjours.

DU CLOS à Me Jobin.

Il vous faut tout dire. C'est que Madame a extrémement du bien, & comme elle sçait qu'il est de l'honnesteté quand on aime que celuy qui en a le plus en donne à celuy qui en a le moins, elle entretient un Carrosse à son Amant, & luy donne dequoy paroistre.

Mme JOBIN.

Cela est d'une Dame genereuse.

Mme DE CLERIMONT.

Oüy, mais je ne voudrois pas luy donner dequoy plaire à mes dépens, & si je sçavois qu'il me trompast, je luy retrancherois tout net le quartier que je luy dois.

Mme JOBIN.

Il seroit bien juste.

Mme DE CLERIMONT.

Mais aussi je serois fâchée de me broüilser avec luy, s'il estoit vray qu'il n'aimast que moy.

Mme JOBIN.

L'affaire est fort délicate, & vous faites bien de chercher à vous éclaircir ; car autrement, ou vous servirez de risée à vostre Rivale, ou vous perdrez vostre Amant en vous brouillant avec luy.

Mme DE CLERIMONT.

C'est raisonner juste.

DU CLOS *montrant Me Jobin.*

Madame est une Femme de bon sens.

Mme JOBIN.

Je vay tout à l'heure vous faire dire la verité.

Mme DE CLERIMONT.

Et par qui ? Ah je suis perduë, elle va faire entrer quelque Démon. Je m'en vay sortir.

DU CLOS.

Gardez-vous en bien. Il vous tordroit le cou à la porte.

Mme JOBIN.

Qu'avez-vous, Madame?

Mme DE CLERIMONT.

Je me trouve mal, & je reviendray une autre fois.

COMEDIE.

Mme JOBIN.

Il faut que je vous délasse. Vous estes peut-estre trop serrée dans vostre corps.

Mme DE CLERIMONT *faisant signe que Me Iobin n'approche pas.*

Eh non. Ah!

DU CLOS *à Mme Iobin.*

N'approchez pas de Madame, elle est si délicate qu'on ne la peut toucher sans qu'on la blesse.

Mme JOBIN.

Je voy ce que c'est, Madame a peur; mais qu'elle ne craigne rien. Au lieu de mes Apparitions ordinaires, je vay seulement faire venir la teste de l'Idole d'Abelanecus qui a tant parlé autrefois, & qui luy dira ce qu'elle a envie de sçavoir.

Mme DE CLERIMONT.

La Teste d'Abelanecus. Une Teste!

Mme JOBIN.

Apres qu'elle aura parlé, vous n'aurez à douter de rien.

Mme DE CLERIMONT.

Elle parlera?

Mme JOBIN.

Elle parlera.

LA DEVINERESSE,

Mme DE CLERIMONT.
Et je l'entendray ?

Me JOBIN.
Et vous l'entendrez.

Mme DE CLERIMONT.
Non assurément je ne l'entendray point, car je sors d'icy tout à l'heure. Je n'ay plus ny curiosité ny amour, & je m'en vay vous payer pour m'avoir guerie de tous ces maux-là.

Mme JOBIN.
Hé ! Madame, quand on est une fois entrée icy, on n'en sort pas comme vous pensez.

DU CLOS.
Qu'allez-vous faire ? Vous estes perduë. Des Esprits invisibles sont répandus icy tout autour, & si vous faites affront à tout leur Corps en sortant avant qu'avoir eu réponce d'Abelanecus, ils se montreront peut-estre avec leurs Ongles crochus, & je ne sçay pas ce qui en sera.

Mme DE CLERIMONT.
Quoy, il faut que j'entende parler le Diable ?

Mme JOBIN.
Bien des Gens voudroient le voir, qui n'ont encore pû y réussir.

COMEDIE.

Mme DE CLERIMONT.

Ils n'ont qu'à venir chez vous.

Mme JOBIN.

On y vient quelque-fois inutilement. Il ne parle pas pour tout le monde, & il faut bien qu'il vous aime.

Mme DE CLERIMONT.

Comment, Madame ? Le Diable m'aime ? Je ne veux point estre aimée du Diable.

DU CLOS.

Faut-il le dire si haut ? Tout le monde n'a pas son amitié. S'il va se fâcher, où en estes-vous ?

Mme JOBIN *à du Clos*.

Que vous dit Madame ?

DU CLOS.

Qu'elle a beaucoup d'obligation au Diable.

Mme JOBIN.

Croyez, Madame, qu'il vous servira. Je vay moy-mesme querir la Teste qui doit parler; car elle ne souffriroit pas qu'un autre que moy l'apportast icy. Je vous avertis qu'il ne faut pas que vous ayez peur. Je ne répondrois pas de vostre personne. *Elle sort.*

Mme DE CLERIMOT.

Où m'avez-vous amenée? Je suis à demy morte. Quelle peine de trembler sans qu'il soit permis d'avoir peur ! Comment faut-il faire?

DU CLOS.

Songez au plaisir que vous aurez de sçavoir la verité, & de ne point passer pour Dupe. Quand vous aurez entendu la Teste, vous serez certaine de ce qu'il faudra faire.

Mme DE CLERIMONT.

Oüy, mais la question est de l'entendre sans avoir peur, & c'est ce que je ne feray jamais. Ah, ah, ah.

(Madame Iobin rentre, & on apporte une Table sur laquelle la Teste est posée.)

DU CLOS.

Eh, Madame, ne vous couvrez point les yeux. Le Diable n'est pas si horrible que vous croyez.

Mme JOBIN.

Approchez, Madame, voicy la Teste en estat de vous parler.

Mme DE CLERIMONT.

Qu'elle parle, je l'entendray bien d'icy.

COMEDIE.

Mme JOBIN.

Si vous pouviez vous résoudre à la caresser, elle en parleroit bien plus volontiers.

Mme DE CLERIMONT.

La caresser ! je ne le ferois pas pour tout l'or du monde.

DU CLOS.

Je m'en vay la caresser pour vous moy. Comme elle est aise! Regardez, Madame.

(*La Teste se tourne d'elle-mesme à droit & à gauche.*)

Mme DE CLERIMONT *tirant à moitié sa main de dessus ses yeux.*

Je n'oserois. Ah ! ah ! Mais pourquoy tant craindre? C'est peut-estre quelque vision.

Mme JOBIN.

Une vision ! Vous croyez donc que je vous trompe ? Il faut que vous en soyez éclaircie.

(*Elle marmote icy quelques mots.*)

LA TESTE.

Je t'ordonne de me venir toucher pour voir si c'est vision.

Mme DE CLERIMONT.

Je suis perduë. Où me sauver ? Que feray-je ?

LA DEVINERESSE,

DU CLOS *à M*^{c} *de Clerimont.*

Madame, pourquoy avez-vous parlé de vision? Vous vous estes attirée cela.

Mme DE CLERIMONT.

Je n'en puis plus.

Mme JOBIN.

Ne tardez pas tant à l'aller toucher. Elle pourroit s'élancer sur vous, & vous en porteriez de terribles marques.

DU CLOS.

Venez, Madame, & de bonne grace.

Mme DE CLERIMONT.

Il m'est impossible de faire un pas.

DU CLOS.

Un peu de courage, je vous aideray.

Mme DE CLERIMONT.

Allons donc, puis qu'il n'y a pas moyen de m'en dispenser. *Elle s'arreste apres s'estre un peu approchée, & dit.* Il n'est pas necessaire d'aprocher plus prés. C'est une Teste effective, & je ne voy que trop bien qu'il n'y a point de vision.

Mme JOBIN.

Ce n'est pas assez, il faut la toucher.

Mme DE CLERIMONT.

La toucher!

COMEDIE.
DU CLOS.
Souvenez-vous qu'il ne faut pas avoir peur.

Mme DE CLERIMONT.
Eh, le moyen de n'en pas avoir?

DU CLOS.
N'en témoignez rien, du moins.

(La Dame estant proche de la Table, la Teste remuë les yeux. La Dame fait un grand cry & recule, du Clos la retient.)

Mme DE CLERIMONT.
Ah! Le mouvement de ses yeux m'a toute effrayée.

DU CLOS.
Allons, faites un effort.

Mme JOBIN.
Mettez la main dessus, il ne vous en arrivera aucun mal.

(La Dame avance la main, la retire, touche enfin la Teste, & fait deux pas en arriere avec précipitation.)

Mme JOBIN.
Ne reculez pas plus loin. Vous l'avez touchée. Demandez-luy présentement ce qu'il vous plaira.

Mme DE CLERIMONT.

Quoy, il faut que je l'interroge moy-mesme?

Mme JOBIN.

C'est vostre affaire, & non pas la mienne.

Mme DE CLERIMONT.

Comment faire conversation avec une Teste?

DU CLOS.

Allons, Madame, parlez viste, afin que nous sortions d'icy.

Mme DE CLERIMONT.

Faut-il faire un Compliment?

Mme JOBIN.

Non, il faut la tutoyer.

Mme DE CLERIMONT.

Dy moy....Je n'acheveray jamais.

DU CLOS.

Voulez-vous sortir sans avoir rien sçeu?

Mme DE CLERIMONT.

Un petit moment, que je me rassure. Dy moy, Madame la Teste, si je suis toûjours aimée de Monsieur du Mont.

LA TESTE.

Oüy.

Mme DE CLERIMONT.

Aime-t-il Madame de la Jubliniere?

COMEDIE.
LA TESTE.
Non.

Mme DE CLERIMONT.

Et ne va-t-il pas chez elle ?

LA TESTE.
Quelquefois, mais c'est seulement pour obliger un Amy.

Mme DE CLERIMONT *avec precipitation.*

Je n'en veux pas sçavoir davantage. Tenez, Madame, voila ma Bourse. Adieu, je suis toute hors de moy-mesme. *à du Clos.* Ne me quittez pas, Monsieur, que vous ne m'ayez remise chez moy.

Mme JOBIN *seule.*

Pourvû que la Bourse vienne, il importe peu comment. Quelle folle avec sa peur! Ostez tout cela.

PICARD.
Madame, ce Monsieur d'hier qui vous avoit dit qu'il reviendroit, le voila qui monte.

Mme JOBIN.
Ostez promptement, & qu'on se tienne prest là-dedans pour faire ce que j'ay dit quand on m'entendra parler. *seule.* Voicy un coup de partie. Il faut, s'il se peut, en bien sortir.

S iij

SCENE V.

Mme JOBIN, LE MARQUIS, GOSSELIN *déguisé en Diable*.

LE MARQUIS.

JE ne sçay ce que vous avez fait à une Dame qui sort d'icy, mais je l'ay trouvée toute éperduë sur vostre Escalier, & si son Conducteur ne la soûtenoit, elle auroit peine à gagner la porte.

Mme JOBIN.

Elle a esté curieuse, & il a falu la satisfaire.

LE MARQUIS.

J'avouë qu'on a besoin de fermeté avec vous.

Mme JOBIN.

Il faut que vous en ayez fait provision, puis que vous vous hazardez à revenir.

LE MARQUIS.

Vous m'avez si fortement répondu que ma vie ne courroit aucun danger, que je reviens sur vostre parole.

COMEDIE.

Mme JOBIN.

Oüy, mais il est certain que vous aurez peur. Songez-y bien pendant qu'il est temps.

LE MARQUIS.

Il faut que je vous confesse la verité. Je fus un peu effrayé de ce qui parut hier devant moy. Vous le remarquastes, & la honte qui m'est demeurée de ma foiblesse me fait chercher à la réparer.

Mme JOBIN.

Vous ne serez peut-estre pas plus ferme aujourd'huy que vous fustes hier. La veuë du Diable est plus terrible qu'un Corps par morceaux.

LE MARQUIS.

J'ay promis de vous donner cent Pistoles si vous pouviez me le faire voir; je vous les apporte. Si je tremble, j'auray au moins l'avantage d'avoir vû ce que mille Gens sont persuadez qu'on ne sçauroit voir.

Mme JOBIN.

Si vous m'en croyez, gardez vostre Bourse. Vous voyez que je ne suis pas interessée.

LE MARQUIS.

Est-ce que vous ne pouvez me tenir parole?

Mme JOBIN.

Je ne le puis? Moy? *Elle fait des Cercles & dit quelques paroles.* Donnez vostre argent. On ne fait pas venir le Diable pour rien.

LE MARQUIS.

Cela est fort juste. Prenez.

Mme JOBIN.

Vous allez voir un des plus redoutables Démons de tout l'Enfer. Ne luy marquez pas de peur.

LE MARQUIS.

Je feray ce qui me sera possible pour n'en point avoir.

Mme JOBIN.

Regardez ce Mur. Est-il naturel, bon, dur, & bien fait?

LE MARQUIS.

Il a toutes les qualitez d'un bon Mur, mais pourquoy me le faire regarder?

Mme JOBIN.

C'est par-là que le Diable va sortir, sans qu'il y fasse la moindre ouverture.

COMEDIE.
LE MARQUIS.
J'ay peine à le croire.
Mme JOBIN.
Allons, Madian, par tout le pouvoir que j'ay sur vous, faites ce que je vous diray. Montrez-vous.

(*Mr Gosselin commence à paroistre vestu en Diable.*)

LE MARQUIS.
Ah! Que vois-je là?
Mme JOBIN.
Quoy, vous détournez les yeux? Si vous voulez, nous finirons-là.
LE MARQUIS.
Non, quand j'en devrois mourir de frayeur, je veux voir ce qu'il deviendra.
Mme JOBIN.
Je le retenois afin qu'il ne pust avancer vers vous. Icy Madian, je vous l'ordonne. Vous reculez dés le premier pas qu'il fait? J'ay pitié de vous, je m'en vay luy commander de disparoistre.

LE MARQUIS *arrestant Mr Gosselin & luy présentant le Pistolet.*
Parle ou je te tuë. Qui es-tu?

Mme JOBIN.

Qu'osez-vous faire? Vous estes perdu.

LE MARQUIS.

Je me connois mieux en Diables que vous. Parle, te dis-je, ou bien tu es mort.

Mme JOBIN.

(*Il sort des éclairs des deux costez de la Trape.*)

Vous allez perir.

LE MARQUIS.

Vostre Enfer ridicule ny tous vos éclairs ne m'étonnent pas. Si tu ne parles, c'est fait de toy

Mr GOSSELIN.

Quartier, Monsieur, je suis un bon Diable.

LE MARQUIS.

Ah fourbe de Jobin, je sçavois bien que je viendrois à bout de t'attraper. Il faut dire la verité, autrement,

Mme JOBIN.

Laissez-le aller, Monsieur, vous serez content de moy.

LE MARQUIS.

Non, je ne le laisse point échaper que je ne sois éclaircy de tout. Veux-tu parler? Je tueray le Diable.

COMEDIE.

Mr GOSSELIN.

Eh, Monsieur, je ne suis qu'un pauvre Procureur Fiscal. Que gagneriez-vous à me tuer?

LE MARQUIS.

Le Diable un Procureur Fiscal!

Mme JOBIN.

Ne faites point de vacarme, je vous en prie. On m'a payée pour empescher votre Mariage, voila pourquoy je cherchois à vous tromper.

ℒSSSSℒSSSSSSSSSSSSℒ

SCENE DERNIERE.

LA COMTESSE, LE MARQUIS, LA GIRAUDIERE, Mr GOSSELIN, Mme JOBIN.

LA COMTESSE.

AH, ah, Mme Jobin, vous trompiez M^r le Marquis. Nous avons tout entendu.

LE MARQUIS.

Puis que cela est, Madame, le Diable

peut prendre party où il luy plaira, je le laisse aller.

Mr GOSSELIN.

Si l'on m'y ratrape, qu'on m'étrille en Diable.

LA GIRAUDIERE *à demy bas*.

Madame Jobin, dans six mois nous aurons quelque petite affaire à démêler.

LA COMTESSE.

Quelle effronterie! Mettre le desordre parmy les Gens pour attraper de l'argent?

Mme JOBIN.

Je rendray tout, ne me querellez point.

LE MARQUIS *à la Devineresse*.

Il n'est pas temps de vuider nos comptes.

LA COMTESSE.

Il faut que la chose éclate, afin que personne n'y soit plus trompé.

Mme JOBIN.

Ne dites rien, je ne suis pas si coupable que vous pensez.

LE MARQUIS *appercevant Me Noblet*.

Entrez, Madame, vous ne pouviez arriver plus à propos. Ne craignez point de vous voir forcée à un second Mariage. Il n'en faut pas croire la Devineresse, c'est la plus grande fourbe qui fut jamais.

COMEDIE.

Mme JOBIN.

Voila bien du bruit pour peu de chose.

LE MARQUIS.

Pour peu de chose, vieille Scelerate, après le désespoir où je suis depuis huit jours?

Mme NOBLET.

Comment? Est-ce que Mme Jobin...

LE MARQUIS.

Vous estes de mes Amies, réjoüissez-vous de mon bonheur. Madame la Comtesse est détrompée.

LA COMTESSE.

Je venois demander un Secret pour vous oublier, mais il n'y a plus moyen de le vouloir.

LE MARQUIS.

Quelle joye pour moy! Afin de l'avoir entiere, il faut sçavoir qui a payée la Devinereresse pour me traverser.

Mme NOBLET.

On l'a payée? Vous croyez cela?

LE MARQUIS.

Elle nous l'a confessé.

Mme JOBIN *en s'en allant.*

Il ne me souvient plus de rien. Voila tout ce que j'ay à vous dire.

LA GIRAUDIERE.
Elle se tire d'affaires fort résolument.

LE MARQUIS.
Je prendray mon temps. On sçait comment la faire parler.

Mme NOBLET.
Je cours apres elle. Comme je ne veux jamais la revoir, j'ay quelque reproche à luy faire pour mon compte.

Elle s'en va.

LE MARQUIS à la Comtesse.
Hé bien, Madame, avois-je tort de décrier Mme Jobin.

LA COMTESSE.
J'ay esté la Dupe. Sortons d'icy. Vous aurez toute liberté d'en rire avec moy.

LE MARQUIS.
Allons, Madame. Je me tiens assuré de mon bonheur, puis que j'ay eu l'avantage de vous détromper.

FIN.

Extrait du Privilege du Roy.

PAr Grace & Privilege du Roy donné à Saint Germain en Laye le premier Fevrier 1680. Signé, Par le Roy en son Conseil, TIRCELLE: Il est permis à Claude Blageart, Imprimeur-Libraire, d'imprimer, faire imprimer, vendre & debiter, pendant le temps de six années, une Comédie intitulée LA DEVINERESSE, OU LES FAUX ENCHANTEMENS, Représentée par la Troupe du Roy. Et defenses sont faites à tous Imprimeurs, Libraires, & autres Personnes, de quelque qualité & condition qu'elles soient, de l'imprimer, faire imprimer, vendre, & debiter, sans le consentement dudit Blageart, ou de ceux qui auront droit de luy, à peine de quinze cens livres d'amende, confiscation des Exemplaires contrefaits, & autres peines portées dans lesdites Lettres de Privilege.

Registré sur le Livre de la Communauté des Libraires & Imprimeurs de Paris, le   Fevrier 1680. suivant l'Arrest de la Cour de Parlement du 8. Avril 1653. & celuy du Conseil Privé du Roy, du 27. Fevrier 1665. Signé ANGOT, Syndic.

Achevé d'imprimer pour la premiere fois
le 14. Fevrier 1680.

Fautes à corriger.

Page 4. ligne 20. Ce que vous fait peindre, *lisez*, Ce que vous avez fait peindre.

Page 58. ligne 12. C'est là ce que m'a fait estre, *lisez*, C'est là ce qui m'a fait estre.

Page 71. ligne 7. J'ay esté jaloux comme le Diable, *lisez*, J'ay esté jaloux comme un Diable.

Page 88. ligne 17. Mais ne m'enflez guere, je vous en prie, *lisez*, Mais ne m'enflez guére, je vous prie.

Page 93. On voit paroistre le Marquis dans le Miroir, *lisez*, On voit paroistre le Chevalier.

Page 134. ligne derniere, Quand j'auray entendu le on, *lisez*, Quand j'auray entendu le son.

Page 159. ligne 2. Se sont retirez en feignant de rire, *lisez*, Se sont retirez en feignant de rire.

www.ingramcontent.com/pod-product-compliance
Lightning Source LLC
Chambersburg PA
CBHW051903160426
43198CB00012B/1727